2023年度湖北省社科基金一般项目（后期资助项目）成果
武汉理工大学研究生教材专著资助建设项目资助

中国制造业
高质量发展路径研究

基于要素协同的视角

谷军健　著

WUHAN UNIVERSITY PRESS
武汉大学出版社

图书在版编目(CIP)数据

中国制造业高质量发展路径研究：基于要素协同的视角／谷军健著. -- 武汉：武汉大学出版社，2024.12. -- ISBN 978-7-307-24717-8

Ⅰ. F426.4

中国国家版本馆 CIP 数据核字第 2024NM0696 号

责任编辑:陈　帆　　　责任校对:鄢春梅　　　版式设计:马　佳

出版发行: **武汉大学出版社**　　（430072　武昌　珞珈山）

（电子邮箱：cbs22@whu.edu.cn　网址：www.wdp.com.cn）

印刷:湖北云景数字印刷有限公司

开本:720×1000　1/16　印张:14　字数:225千字　插页:1

版次:2024年12月第1版　　　2024年12月第1次印刷

ISBN 978-7-307-24717-8　　定价:69.00元

版权所有,不得翻印;凡购我社的图书,如有质量问题,请与当地图书销售部门联系调换。

序

　　高质量发展是全面建设社会主义现代化国家的首要任务。坚持创新在我国现代化建设全局中的核心地位，坚持把发展经济着力点放在实体经济上，坚定不移建设制造强国，推动制造业高端化、智能化、绿色化发展，这是现代化产业体系建设必须坚持的方向。然而，中国制造业高质量发展水平如何，是已全面实现超越，还是存在显著差距？这仍是一个存在争议的问题。如何实现中国制造业高质量发展，即中国制造业高质量发展的路径是什么？这更是一个迫切需要解决而尚未解决的难题。可喜的是，谷军健博士的《中国制造业高质量发展路径研究——基于要素协同的视角》一书从要素协同的系统视角，对这一问题进行有益探讨，这一研究对于建设制造强国，推动制造业高端化、智能化、绿色化发展，无疑具有重要的现实意义和理论价值。

　　该书首先从生产制造环节的生产效率、出口贸易环节的增加值收益和技术结构三个方面，测度和评价了制造业的发展质量，发现中国制造业特别是高技术产业的全要素生产率、增加值收益和技术复杂度等发展质量指标都显著低于美国，而且中美差距在金融危机之后存在拉大的趋势。加快建设现代化产业体系，推动制造业高端化、智能化、绿色化发展，实现制造大国向制造强国转变，乃是"十四五""十五五"甚至更长时间的艰巨任务。为此，该书依次从制度与技术双轮驱动、科技创新与人力资本协同、海外研发与技术引进互动、金融发展与科技创新协同、制造业规模与科技及人才和金融要素协同、政府补贴与创新绩效匹配等要素协同的系统视角，探讨了中国制造业高质量发展的诸条路径。其一，基于中国高技术制造业的发展经验，揭示了制度创新与技术创新的协同互动作用，并测度了两者推动高质量发展的单一效应和协同效应。结果发现，高技术产业高质量发

1

展既不是单纯依赖技术创新，也不是单纯依赖制度创新，而是技术创新与制度创新协同的双轮驱动结果。其二，在"研发-生产率"关系的研究框架中引入人力资本，论证科技创新与人力资本的协同作用。比较研究发现，中国研发投入强度达OECD国家平均水平，但就业中高技能人员比例仍不足 OECD 国家的 1/3，这可能是导致中国制造业出现"研发-生产率悖论"的一个原因。因此，在研发投入增长的同时，着力提升人力资本和增加高级人才，实现科技创新投入与人力资本协同是推动制造业高质量发展的重要路径。其三，利用制造业行业面板数据论证海外研发与技术引进互动的高质量发展效应，发现海外研发行为不仅能发挥创新效应、知识溢出效应等正面作用，还面临外来者劣势、吸收能力不足、抑制规模经济等负面作用，但海外研发与技术引进互动能够产生正向协同效应，从而抑制海外研发的负面作用。因此，加强海外研发与技术引进互动，利用国内国际两个市场、两种资源，将更有助于推动中国制造业高质量发展。其四，通过构造金融发展与科技创新投资的偏离指标，从国内增加值收益能力的角度，考察金融发展推动制造业质量提升的作用机理，发现当金融发展脱离实体经济的科技创新投资需求时，将对制造业高质量发展产生抑制效应。因此，只有金融发展与科技创新协同才能促进制造业高质量发展。其五，利用中国省级地区数据，从出口技术结构的角度实证分析制造业规模与科技创新、人力资本和金融发展的协同作用机制，发现制造业规模扩张强化了科技创新、人力资本和金融发展对制造业高质量发展的正向效应。因此，制造业量的合理增长与科技创新、人力资本和金融发展协同是实现其高质量发展的必由之路。其六，基于制造业上市公司的微观数据，实证分析政府补贴政策的分配倾向，评估政府补贴对企业创新的激励效果，结果发现补贴分配政策与创新激励效果存在结构性偏差，导致补贴政策的有效性不足。因此，补贴分配与创新绩效协同也是实现制造业高质量发展的重要路径。其七，该书在理论分析与实证分析结合的高质量发展路径探讨基础上，提出中国制造业高质量发展的政策建议。

　　该书是 2017 年党的十九大首次提出"高质量发展"的新表述以来，产业经济学领域专题讨论制造业高质量发展路径的一部高质量力作。全书很好地贯彻了新发展理念，突出了系统观念，强调协同作用，思路清晰，结构合理，有理有据，创新性突出。一是，首次从生产效率、贸易效益和技术结构三个层面科学测度制造业发展质量，既有纵向发展历史分析，又有横向中美比较分析，丰富和发展了制造业发展质量评价理论。这项成果发表于《数量经济技术经济研究》，并被中国人民大学复印报刊资料《统计与精算》全文转载，截至 2024 年 8 月被引 113 次，入选中国科学文献计量评价研究中心、中国知网的学术精要（2022 年 10—11 月）高 PCSI 论文、高被引论文、高下载论文，入选 2018 年世界经济统计学中文最佳论文 TOP10，被收录在中国社会科学院发布的《世界经济年鉴》中，产生了较大社会影响。二是，提出中国制造业高质量发展的多条要素协同驱动路径，丰富和发展了制造业高质量发展的路径理论。其中，技术与制度双轮驱动路径和科技创新与人力资本协同路径发表于《科学学研究》，分别被引 53 次和 60 次；海外研发与技术引进互动路径发表于《数量经济技术经济研究》，并被中国人民大学复印报刊资料《产业经济》全文转载，被引 55 次；金融发展与科技创新协同路径发表于《国际金融研究》，被引 42 次。三是，通过实证研究取得一系列新发现，如中国制造业特别是高技术产业的全要素生产率、增加值收益和技术复杂度等发展质量指标都显著低于美国，而且中美差距在金融危机之后存在拉大的趋势；当金融发展脱离实体经济的科技创新投资需求时，将对制造业高质量发展产生抑制效应；制造业规模扩张强化了科技创新、人力资本和金融要素对制造业高质量发展的正向效应；政府补贴分配政策与创新激励效果存在结构性偏差，政府补贴对民营、中小型、高融资约束及低市场化地区企业具有显著的创新激励作用，但这些企业却很少得到政府补贴；政府补贴倾向于流入国有、大型、成立时间长、盈利性高、负债率低及研发基础好的企业，这一发现为改进和完善创新补贴政策提供了经验证据。后者成果发表于《财政研究》，获中国数量经济学会第十届优秀科研成果奖论文一等奖，截至 2024 年 8 月被引 119 次。

该书作者谷军健博士是我的博士研究生，在读博期间受国家留学基金委资助赴英国伯明翰大学商学院联合培养一年，博士毕业后进入清华大学五道口金融学院博士后科研流动站进行合作研究，现为武汉理工大学经济学院副教授，具有深厚的经济学理论基础，具有宽广的学术视野，教风学风严谨，在产业经济学领域有较好的学术积累，在其博士学位论文和发表的系列论文基础上，精心策划并修订整理完成这部学术专著。希望关注中国制造业高质量发展的广大读者能从中受益。

武汉理工大学经济学科首席教授

2024 年 9 月 22 日

前　言

改革开放以来，随着国际运输成本下降与发达国家产业转移，中国凭借其劳动力成本优势参与全球产业与价值链分工，实现了国内生产总值的快速增长，1978—2012年中国年均增长率高达9.83%。① 然而，随着以劳动力短缺和劳动工资上升为标志的"刘易斯拐点"的到来，以及人口抚养比由下降转变为上升，传统意义上的人口红利逐步消失(蔡昉，2010)，中国经济增长速度开始放缓，增长率从2011年的9.6%下降到2018年的6.6%。党的十九大指出，中国经济已由高速增长阶段转向高质量发展阶段，党的二十大进一步指出，高质量发展是全面建设社会主义现代化国家的首要任务。

在经历改革开放以来的快速增长后，中国成为制造业大国并获得了"世界工厂"的称号。从传统的产业结构视角来看，中国高新技术产品和机电产品出口额占总出口额的比例分别接近30%和60%，制造业结构高级化已经达到较高水平。甚至有学者认为，中国在2004年就已经超越美国成为全球最大的高科技产品出口国(Lemoine & Ünal，2008)。然而，"中兴事件"、中美贸易摩擦和"卡脖子"等现象，似乎表明中国制造业特别是高技术产业领域与美国之间存在差距。在高质量发展背景下，面对中国制造业发展状况的分歧，如何科学地测度和评价制造业的发展质量，从而形成对中国和美国之间差距的科学认识？进一步地，如何促进中国制造业实现高质量发展，有哪些路径？这是急需解决的关键问题。

现有测度高质量发展的文献主要采用单一指标法和多指标综合法。单一指标法的相关研究通常采用生产率或者增加值率测度经济高质量发展，如陈诗一和陈登科(2018)采用劳动生产率作为经济高质量发展的测度指标；刘思明等(2019)、

---

① http：//www.stats.gov.cn/ztjc/ztsj/201502/P020150212308266514561.pdf.

贺晓宇和沈坤荣(2018)将全要素生产率作为经济高质量发展的衡量指标；范金等(2017)证实，增加值率是反映经济增长质量的重要指标。许多学者采用多指标综合法测度经济增长质量和高质量发展水平，如钞小静和任保平(2011)、马茹等(2019)、魏敏和李书昊(2018)、李金昌等(2019)、汪芳等(2022)。尽管多指标综合法可全面地涵盖高质量发展的内涵，但在指标体系选择和加总确定不同指标权重时，受到研究者主观影响较大，因而难以形成客观、普遍接受的结果(彭树涛和李鹏飞，2018；金碚，2018)。与之相比，采用多个单一指标往往具有客观和可操作性强的优点。

另外，单独依靠某个要素投入不足以推动制造业实现高质量发展。在科技创新方面，除传统观念认为中国企业创新能力不足之外，制造业甚至出现研发投资高速增长、生产率增速下降的现象。以 2003 年为界，中国工业全要素生产率增长率从年均 4.6%骤降为年均 −0.05%(江飞涛等，2014)，由此可见，快速增长的研发投资没有带来生产率增长率上升，表明中国科技创新陷入困境(叶祥松和刘敬，2018)。从人力资本水平来看，中国新兴产业发展缺乏必需的教育和人力资本进步(张勇，2015)，特别是高技术技能型人才与高层次创新型人才仍然严重不足，领军拔尖人才更是凤毛麟角(阳立高等，2018)。OECD 数据显示，中国每千人就业人员中研究人员不足欧盟 28 个国家的 1/3(谷军健和赵玉林，2021)。在推动产业结构转型升级的背景下，"降低农业和工业比重，提高服务业比重"成为一些地区实践部门的主要思路，这使得无论是从产出还是从就业比重来看，均出现了"过度去工业化"现象(魏后凯和王颂吉，2019)。2011—2016 年中国经济中制造业占比日益下降，金融业和房地产业等虚拟部分占比逐步上升(黄群慧，2017)。由于实体投资和金融投资的收益率差距，制造企业投资"金融化"趋势日益明显(张成思和张步昙，2016)，银行在提供贷款时对不同风险企业存在差别对待(彭俞超和黄志刚，2019)。可见，金融体系对制造业高质量发展的支撑作用有待发挥。

从现有研究来看，制造业高质量发展是一项系统工程，单纯依靠某个要素发展或投入增加不足以实现制造业高质量发展，必须要考虑不同要素之间的依赖关系和相互作用。因此，本书旨在从要素协同的系统观念出发，探讨制造业高质量发展的可行路径。

在理论价值上，本书提出了制造业高质量发展的标志性指标，运用多种改进的方法测度中国制造业高质量发展水平，从要素协同的角度揭示了中国制造业高质量发展的六条路径，从而拓展和丰富了产业经济理论和创新驱动理论。在现实意义上，本书对中国制造业高质量发展水平的测度和六条协同路径的揭示，有助于正确评价和认识中国制造业高质量发展水平，为制定精准、有效的产业政策提供理论依据和决策参考，为落实创新驱动发展战略和制造业强国战略，实现中国制造业高质量发展提供具体有效的路径。

本书包含 8 章，具体如下：

第 1 章是中国制造业发展质量的测度与真实处境。国际分工深化和产业融合等新经济现象的出现，导致传统的产业结构变动测度指标失去合理性，难以真实反映制造业发展水平，已有文献中关于中国和美国制造业发展水平出现分歧。中国经济向高质量发展阶段的转变也迫切需要新的评价范式。本章从生产制造业环节的生产效率、出口贸易环节的增加值收益和技术结构三个方面，测度和评价制造业的发展质量，并通过与美国进行比较，从而明确中国制造业的真实处境。结果显示，中国制造业的生产效率、增加值效益和技术结构等发展质量指标都显著低于美国，而且中美差距在金融危机之后变大，中国和美国高技术产业的差距远远大于传统中低技术产业。

第 2 章是从双轮驱动的角度提出制度创新与技术创新协同的发展路径。关于经济发展中制度创新还是技术创新具有决定作用的争议由来已久，这一问题将直接影响中国制造业发展路径选择的方向。本章基于中国高技术产业的发展经验，构建联立方程模型和协同效应模型，揭示了制度创新和技术创新的协同互动作用，并测度了两者推动高质量发展的纯效应和协同效应。结果显示，产业高质量发展不只依赖技术或制度创新，技术和制度两者协同、双轮驱动是高技术产业持续发展的重要路径。

第 3 章提出了破解中国制造业"研发-生产率悖论"的方法：科技创新与人力资本协同的路径。党的二十大指出，创新是第一动力。中国制造业研发投入快速增长，作为高质量发展指标的全要素生产率增速下降，陷入科技创新困境和出现"研发-生产率悖论"，这严重阻碍了制造业的高质量发展。本章在"研发-生产率"关系的研究框架中引入人力资本，论证科技创新与人力资本协同的发展路径可行性，即在研发投入增长的同时，着力提升人力资本和增加高级人才。通过比较发现，中国研发投入强度接近 OECD 国家水平，但就业中高技能人员（如研发人员）仍不足 OECD 国家的 1/3，这可能是导致中国制造业出现"研发-生产率悖论"的原因，实证研究论证了创新投入与人力资本协同的作用。

第 4 章从"引进来"与"走出去"互动的角度，提出海外研发与技术引进互动的发展路径。海外研发投资是对外投资的高级阶段，也是实施创新驱动发展战略的重要方式。海外研发行为不仅能发挥创新效应、知识溢出效应等正面作用，还面临外来者劣势、吸收能力不足、抑制规模经济等负面作用。本章从技术开发"引进来"与"走出去"协同的角度，提出海外研发与技术引进互动的路径，利用制造业行业面板数据论证了两者互动的高质量发展效应。通过利用国内国际两个市场、两种资源，将有助于推动中国制造业高质量发展。

第 5 章提出应对金融"两面性"作用的路径：金融发展与科技创新协同的发展路径。金融危机以来，关于金融体系对经济发展"黑暗面"的讨论激增。如何充分利用金融体系的"光明面"，避免"黑暗面"，推动制造业高质量发展是值得思考的关键问题。本章从国内增加值收益能力的角度，考察了金融发展推动制造业质量提升的作用机理，提出了金融发展与科技创新协同的路径。构造金融发展与科技创新投资的偏离指标，进行实证检验发现，当金融发展脱离实体经济科技创新投资需求时，将对制造业高质量发展产生抑制效应，这为金融体系与科技创新协同的发展路径选择提供了证据。

第 6 章依据发挥超大规模市场优势，重点讨论了制造业规模与科技、人才和金融要素的协同效应。中国经济"过度去工业化"与制造企业"金融化"加剧，已经影响到制造业发展的根基。在新发展格局下，保持和发挥制造业规模优势能否提升制造业发展质量？在"脱实向虚"的背景下，这一问题受到广泛关注。本章从出口技术结构的角度分析了制造业规模扩张的效应，从科技、人才和金融等方面揭示了制造业规模的作用机制。中国省级地区数据的实证结果显示，制造业规模优势扩大了科技创新、人力资本和金融要素的正向作用，制造业规模与创新、人才和金融要素具有协同效应。因此，保持制造业比重、发挥制造业规模优势是实现高质量发展的必由之路。

第 7 章提出提高政策靶向性：补贴分配与创新效果匹配的发展路径。制造业高质量发展依靠有效的政策。如何改进和设计政府补贴政策从而有效刺激制造业创新和高质量发展？本章基于制造业上市公司的微观数据，运用倾向得分匹配分析法（PSM），克服样本选择偏差和内生性问题，讨论了政府补贴政策的分配倾向，评估了补贴对企业创新的激励效果。结果发现，补贴分配政策与创新激励效果存在结构性的偏差，这是补贴政策有效性不足的原因之一，通过设计具有靶向性的政策，将补贴分配与创新效果进行匹配，是实现制造业高质量发展的路径。

第 8 章是结论与建议，总结梳理了本书的主要研究发现，提出中国制造业高质量发展的政策建议，并进行了研究展望。

作者一直关注和探究中国制造业高质量发展问题，在赵玉林教授门下攻读博士学位期间，围绕中国制造业发展和创新驱动展开研究并完成博士学位论文，先后在重要学术期刊上发表 8 篇论文，在此基础上形成本书。特别感谢恩师赵玉林教授从选题、框架设计、数据处理、内容撰写及修改完善的全过程中给予的悉心指导，以及对我个人学术成长的关心和付出。感谢魏龙教授、周军教授、宋德勇教授、任剑新教授、刘树林教授、余谦教授在本书成稿和论文答辩中提供的指导和建设性意见。感谢彭定赟教授、黄蕙萍教授、汪芳教授、董登珍老师、韩书成老师、刘春晖老师在本书稿完成过程中给予的指导、鼓励和帮助。感谢武汉理工大学经济学院领导和老师们提供的大力支持和帮助。感谢我的父母一直对我的学业与工作的大力支持，感谢谭琼女士的鼓励和照顾，没有你们的支持，我将难以坚持并完成本书。

最后，特别感谢 2023 年度湖北省社科基金一般项目（后期资助项目）"中国制造业高质量发展的路径研究——基于要素协同的视角"（HBSKJJ20233204）、武汉理工大学研究生教材专著资助建设项目和武汉理工大学经济学院的资助，本书才得以最终出版。

限于作者知识积累有限，本书可能存在很多不尽如人意的地方，其中一些学术观点可能还需要进一步深化，或需要经过产业实践的检验。对此，欢迎广大读者批评指正。

谷军健

2024 年 9 月 20 日

目　　录

第 **1** 章

中国制造业发展质量的
测度与真实处境
——兼与美国的比较

为了探讨中国制造业高质量发展的路径，有必要首先对中国制造业的发展质量进行测度和跨国比较，从而形成对中国产业发展质量的科学认识。

1.1 中国制造业发展质量测度：分歧、原因与思路

党的十九大报告指出，中国经济已由高速增长阶段转向高质量发展阶段。党的二十大报告指出，高质量发展是全面建设社会主义现代化国家的首要任务。制造业作为国民经济的主体，在经历高速增长阶段之后，中国已成为制造业大国并获得"世界工厂"的称号，与此同时"大而不强"似乎成为政府及学术界对中国制造业发展质量的认知。对此持有不同看法的学者认为，不管是从增加值、产品出口额还是全球价值链核算体系下的出口增加值来看，2015 年中国高技术产业实现了对美国的赶超和超越(胡鞍钢等，2016)，这一成果一度成为媒体宣传报道的主流。

来自商务部的统计数据显示，2017 年中国高新技术产品和机电产品出口额分别为 6674.44 亿美元和 13144.07 亿美元，分别占总出口额的比例为 29.49% 和 58.07%。① 从传统的产业结构视角来看，中国制造业产业结构高级化程度达到较高水平，甚至有学者研究认为中国在 2004 年就已经超越美国成为全球最大的高科技产品出口国(Lemoine & Ünal，2008)。然而，2018 年 4 月发生的"中兴事件"似乎表明中国在制造业特别是高技术产业领域的竞争力与美国等发达国家存在较大差距，核心技术环节仍然受到发达国家的限制。面对中国制造业发展状况的争议和分歧，有必要从不同角度合理测度中国和美国制造业发展质量指标，形成对中国与美国制造业发展质量差距的客观认识，这不仅有利于为制造业强国战略的实施提供重要的决策依据，也是认识中美贸易争端的关键线索。

分歧的原因主要是产品内分工及产业融合等新兴经济现象导致传统测度指标和方法失去合理性。一方面，随着以产品内不同环节分工为特征的全球价值链成为主要的国际分工形式，一国出口品中包含着来自其他国家的中间进口品，基于总值核算法的贸易统计掩盖了一国产业的真实发展质量和竞争力水平，特别是发展中国家出口的高技术产品中高附加值环节仍然由发达国家掌握。另一方面，随

---

① http：//wms.mofcom.gov.cn/article/ztxx/jdgx/.

着产业间融合趋势加剧,高技术产业对传统中低技术产业的融合与改造,导致制造业部门间边界日益模糊,统计意义上的制造业内部结构高级化比例的政策导向意义越来越小(黄群慧和贺俊,2015),因而难以反映制造业的真实发展质量。显然,为了更加合理且准确地反映中美制造业发展质量的差距,在指标设计与选择上不仅需要考虑频繁的中间产品进口导致的不同国家出口行业中国外增加值的影响,而且还需要克服产业融合和产品内分工导致的传统产业结构高级化指标的失效。制造业产业结构高级化实质上是生产率高的部门取代生产率低的部门逐渐成为主导部门的过程,即生产率水平不断提升。高质量发展的本质特征是以各种有效率和可持续方式满足人民的需要(金碚,2018),提升全要素生产率是实现高质量发展的关键所在(贺晓宇和沈坤荣,2018)。

在国内生产视角下,制造业总产出增长中剔除了资本和劳动要素数量扩张贡献后的全要素生产率(Total Factor Productivity,TFP)可用来表示制造业发展质量,如陈诗一和陈登科(2018)在考察雾霾对经济发展质量的影响和内在机制时,使用生产率作为经济发展质量的衡量指标,贺晓宇和沈坤荣(2018)使用省际全要素生产率衡量经济发展质量,研究了现代化经济体系与经济发展质量的关联关系;在出口贸易视角下,得益于对一国总出口中增加值来源分解的系列研究,克服了全球价值链分工背景下中间品多次跨境贸易导致的统计幻象,Koopman et al.(2010)分解了总出口的国内增加值并在此基础上提出了测算全球价值链分工地位的方法(GVC_Position),可以表示一国产业在国际贸易分工下的发展质量水平。然而,Koopman 等人提出的 GVC_Postion 指数主要考虑了一国某行业从全球价值链分工模式中获取价值和利益的能力(戴翔和李洲,2017),更恰当地反映了国际出口贸易视角下某产业的经济地位,而非技术地位。Hausmann et al.(2007)提出的出口技术复杂度指标(PRODY 和 EXPY)从产品技术含量角度反映了一国在国际分工模式中所处地位的优劣程度(黄先海等,2010),是衡量国际出口贸易视角下产业发展质量的指标。

基于此,本章试图从生产制造业环节的生产效率、出口贸易环节的价值收益以及技术结构三个方面测度和比较中国与美国制造业的发展质量:一是基于产业内生产效率升级视角,测算中国和美国制造业的全要素生产率水平以及增长率的变化趋势;二是在全球价值链分工核算体系下分解中国和美国制造业出口中真实贸易利得，测算表征价值收益的国内增加值率和全球价值链地位指数；三是基于增加值出口份额，测度增加值视角下中国和美国制造业的出口技术复杂度，用以测度制造业的出口技术结构。

1.2 基于生产效率的制造业发展质量测度与比较

1.2.1 CTFP 与 RTFP 测算方法与数据

遵循上述测度思路，本章首先采用全要素生产率水平及其增长率反映制造业生产制造环节的发展质量水平。在比较不同国家细分行业全要素生产率时，通常需要克服两个困难：第一个困难来自数据处理，主要是汇率和价格波动导致测算不同国家产出和资本存量可能存在偏差；第二个困难来自方法的设计与选择，当前文献中经常使用的方法如数据包络分析（DEA）和随机前沿分析（SFA）虽然有助于得出全要素生产率（TFP）增长率或者变化率，但无法判断不同国家细分产业的全要素生产率本身的大小。基于此，本章借鉴 Feenstra，Inklaar & Timmer（2015）的做法，一是有利于避免在计算制造业产出和资本存量时同时剔除汇率和价格波动因素的影响，二是可比较不同国家某一细分行业全要素生产率以及其增长率的大小。假设在既定价格和要素禀赋水平下，一个国家某一产业的实际产出由收入函数 $y(\prod, q)$ 决定，其中 $\prod$ 表示参考价格向量，q 表示要素投入。因此，$y_j(\prod, q_j)/y_k(\prod, q_k)$ 可以用来表示国家 j 和国家 k 某一产业的实际产出之比。不同国家某一行业实际产出的差异来源于两个方面，一是要素投入数量的差异，二是不同国家技术（全要素生产率）水平的不同。通过保持要素投入数量不变，可以将不同国家的技术差异从产出差异中分离出来，具体可以用式（1-1）和式（1-2）表示：

$$A_j = \frac{y_j(\prod, q_j)}{y_k(\prod, q_j)} \tag{1-1}$$

$$A_k = \frac{y_j(\prod, q_k)}{y_k(\prod, q_k)} \tag{1-2}$$

A_j 和 A_k 分别表示在不同国家(j 国或 k 国)要素投入下国家 j 相对于国家 k 的生产率水平。由于式(1-1)中 $y_k(\prod, q_j)$ 和式(1-2)中 $y_j(\prod, q_k)$ 的相关数据无法获取,因此 A_j 和 A_k 不能直接求解。如果收入函数 $y(\prod, q)$ 具有超越对数函数的形式,根据 Caves, Christensen & Diewert(1982)的结论,可以准确计算 A_j 和 A_k 的几何平均值:

$$A = (A_j A_k)^{1/2} = \frac{y_j(\prod, q_j)}{y_k(\prod, q_k)} / Q_T(q_j, q_k, w_j^*, w_k^*) \tag{1-3}$$

其中, $Q_T(q_j, q_k, w_j^*, w_k^*)$ 是要素投入的 Tornqvist 数量指数,其计算过程如下:

$$\ln Q_T(q_j, q_k, w_j^*, w_j^*) = \sum_l^L \frac{1}{2} \left(\frac{w_{lj}^* q_{lj}}{\sum_m w_{mj}^* q_{mj}} + \frac{w_{lk}^* q_{lk}}{\sum_m w_{mk}^* q_{mk}} \right) \tag{1-4}$$

其中, $w_{lj}^* = \frac{\partial y_j(\prod, q_j)}{\partial q_j}$, $w_{lk}^* = \frac{\partial yk(\prod, qk)}{\partial qlk}$ 分别是国家 j 和国家 k 的要素价格。因此,假设国家 k 当年的全要素生产率为 1,现价下国家 j 相对于国家 k 的全要素生产率可由式(1-5)测算:

$$CTFP_{jk} = \frac{CY_j}{CY_k} / Q_T(q_j, q_k, w_j, w_k) \tag{1-5}$$

其中, CY_j 和 CY_k 分别表示国家 j 和国家 k 某一产业的现价总产出。与此类似,固定价格下国家 j 某一产业 t 年相对于 $t-1$ 年的全要素生产率即全要素生产率增长率可由式(1-6)测算:

$$RTFP = \frac{RY_{jt}}{RY_{jt-1}} / Q_T(q_{jt}, q_{jt-1}, w_{jt}, w_{jt-1}) \tag{1-6}$$

其中, RY_{jt} 和 RY_{jt-1} 分别表示国家 j 某一产业在 t 年和 $t-1$ 年的固定价总产出。

本章采用的数据来自世界投入产出数据库(WIOD2016),包含全球 43 个国家和地区 56 个产业 2000—2014 年的投入产出数据以及对应社会经济账户数据,[1]

---

① 限于数据可得性,最新的社会经济账户数据只更新到 2014 年(WIOD2016)。根据 2023 年公布佩思表 10.01 版,中国经济整体现价 TFP 从 2014 年美国现价 TFP 的 43.1%增加到 2019 年的 44.22%,可见数据并没有发生很大变化。

其中涵盖了 18 个制造业细分行业数据，分别是食品、饮料与烟草制造业（ID5）、纺织、服装与皮革制造业（ID6），木材制品（家具除外）及草编、编织材料物品制造业（ID7），纸和纸制品制造业（ID8），记录媒介物的印刷及复制业（ID9），焦炭和精炼石油产品制造业（ID10），化学品及化学制品制造业（ID11），基本医药产品和医药制剂制造业（ID12），橡胶和塑料制品制造业（ID13），其他非金属矿物制品制造业（ID14），基本金属制造业（ID15），机械设备除外的金属制品制造业（ID16），计算机、电子产品和光学产品制造业（ID17），电力设备制造业（ID18），未另分类的机械和设备制造业（ID19），汽车、挂车和半挂车制造业（ID20），其他运输设备制造业（ID21），家具和其他制造业（ID22）。

1.2.2　制造业生产率测算结果与中美比较

1.2.2.1　RTFP 测算结果与中美比较

根据实际全要素生产率（RTFP）的相关测算方法，本章采用来自 WIOD（2016）的社会经济账户的总产出、资本存量以及劳动投入等数据，测算了中美两国制造业的全要素生产率变动情况，结果见表 1-1。

表 1-1　中国和美国制造业细分行业全要素生产率（RTFP）增长率（2000—2014）

行业代码	行业名称	中国	排名 R	美国	排名 R	中>美
ID5	食品、饮料与烟草制造业	1.0267	10	0.9969	18	1
ID6	纺织、服装与皮革制造业	1.0292	9	1.0131	10	1
ID7	木材制品及草编、编织材料物品制造业	1.0363	8	1.0166	8	1
ID8	纸和纸制品制造业	0.9982	16	0.9976	17	1
ID9	记录媒介物的印刷及复制业	1.0166	13	1.0254	3	0
ID10	焦炭和精炼石油产品制造业	1.0623	4	1.0306	2	1
ID11	化学品及化学制品制造业	1.0134	15	1.0002	14	1
ID12	基本医药产品和医药制剂制造业	1.0237	12	1.0002	15	1
ID13	橡胶和塑料制品制造业	1.0238	11	1.0007	13	1

行业代码	行业名称	中国	排名 R	美国	排名 R	中>美
ID14	其他非金属矿物制品制造业	1.0528	5	1.0014	12	1
ID15	基本金属制造业	0.9971	17	1.0208	5	0
ID16	机械设备除外的金属制品制造业	1.0427	6	0.9994	16	1
ID17	计算机、电子产品和光学产品制造业	1.0778	2	1.0639	1	1
ID18	电力设备制造业	1.0149	14	1.0213	4	0
ID19	未另分类的机械和设备制造业	1.0403	7	1.0161	9	1
ID20	汽车、挂车和半挂车制造业	1.0727	3	1.0193	6	1
ID21	其他运输设备制造业	1.1055	1	1.0183	7	1
ID22	家具和其他制造业	0.9503	18	1.0082	11	0
	制造业总体(ID5-ID22)	1.0354		1.0172		1
	高技术产业(ID11-ID12，ID17-ID21)	1.0488		1.0256		1

注：制造业总体和高技术产业 RTFP 增长率为以各行业 2014 年增加值为权重的平均值。

本章进一步测算了制造业总体与高技术产业的全要素生产率，鉴于 OECD 划分标准中的高技术产业的口径狭窄，为了与 WIOD(2016)中的行业分类标准相对应，这里将 OECD 定义的高技术产业和中高技术产业合并称为本章中的高技术产业，包括化学品及化学制品制造业(ID11)，基本医药产品和医药制剂制造业(ID12)，计算机、电子产品和光学产品制造业(ID17)，电力设备制造业(ID18)，未另分类的机械与设备制造业(ID19)，汽车、挂车和半挂车制造业(ID20)，其他运输设备制造业(ID21)等 7 个细分行业。

由表 1-1 可以看出，2000—2014 年中国制造业总体全要素生产率的年均增长率为 3.19%，同时期内美国的全要素生产率增长率仅为 1.72%；从高技术产业来看，中国和美国这一差别更加明显，样本期内中国高技术产业的生产率年均增速高达 4.88%，接近同时期美国高技术产业的 2 倍，这表明中国制造业和高技术产业全要素生产率具有显著的追赶效应。不仅如此，中国和美国的高技术产业全要素生产率增长率都高于制造业总体，不论科技领先的美国，还是处于追赶阶段的中国，高技术产业都已成为一国经济的新引擎和新动能，具有明显的经济增长拉动效应。从细分行业全要素生产率增长率来看，中国增长最快的行业是其他运输设备制造业（ID21），样本期内年均增长率高达 10.55%；其次是计算机、电子产品和光学产品制造业（ID17）和汽车、挂车和半挂车制造业（ID20），全要素生产率年均增长率分别是 7.78%和 7.27%；与以上行业快速增长不同的是，样本期内中国纸和纸制品制造业（ID8）、基本金属制造业（ID15）、家具和其他制造业（ID22）三个行业的全要素生产率出现了负增长，年均增速分别是 -0.18%、-0.29%和-4.97%。

首先，美国细分行业中全要素生产率增速最快的是计算机、电子产品和光学产品制造业（ID17），年均增长率为 6.39%，但仍然低于中国（7.78%），这主要是因为美国的这一行业已经处于世界技术前沿，此时全要素生产率的增长主要源于突破性技术创新导致的技术前沿拓展，而中国计算机、电子产品和光学产品制造业（ID17）的全要素生产率增长源于向世界技术前沿的靠近。其次，焦炭和精炼石油产品制造业（ID10）和记录媒介物的印刷及复制业（ID9）是样本期内美国 TFP 年均增速第二、第三的制造业细分行业，增长率分别为 3.06%和2.54%。最后，美国制造业中食品、饮料与烟草制造业（ID5）、纸和纸制品制造业（ID8）和机械设备除外的金属制品制造业（ID16）的全要素生产率增长率为负，分别是-0.31%、-0.24%和-0.06%。

根据上述分析可知，样本期内制造业全要素生产率年均增长率具有显著的行业异质性，不同细分行业之间的增速差别明显；中国和美国制造业 TFP 增长率也存在差别，中国 14 个行业的 TFP 增长率大于美国，剩余 4 个行业的全要素生产率增速不及美国，分别是记录媒介物的印刷及复制业（ID9）、基本金属制造业（ID15）、电力设备制造业（ID18）、家具和其他制造业（ID22）。

表 1-2 更加清晰地反映了样本期内中国和美国制造业总体和高技术产业全要素生产率增长率的演变趋势。中国制造业总体的生产率在 2000—2007 年增长速度较高，年均增长率为 6.11%，其中 2006—2007 年的增长率高达 10.46%，这段时期内中国制造业总体的技术进步可以解释为中国加入世界贸易组织后，制造业不断融入全球价值链的结果。刘洪愧和谢谦（2017）、吕越和吕云龙（2016）等研究均发现，参与全球价值链分工有效地提升了中国等发展中国家企业的全要素生

产率。2007—2014 年，受到来自金融危机等国际宏观环境的不利影响，中国制造业总体全要素生产率增速出现下滑，年均增速仅为 0.35%，部分年份甚至出现了负增长。中国高技术产业全要素生产率在金融危机前后两个时间段内出现了更为明显的滑坡，2000—2008 年高技术产业的生产率增长率基本上高于制造业总体，而金融危机以后，除 2010 年外，中国高技术产业生产率增速均低于制造业总体。

表 1-2　　中美制造业总体和高技术产业各年的全要素生产率 (RTFP) 增长率

年份	制造业总体			高技术产业		
	中国	美国	中>美	中国	美国	中>美
2000/2001	1.0607	0.9775	1	1.0773	0.9549	1
2001/2002	1.0636	1.0400	1	1.1012	1.0785	1
2002/2003	1.0777	1.0575	1	1.1424	1.0722	1
2003/2004	1.0372	1.0561	0	1.0734	1.0299	1
2004/2005	1.0251	1.0151	1	1.0292	1.0173	1
2005/2006	1.0608	1.0253	1	1.0432	1.0783	0
2006/2007	1.1046	1.0045	1	1.1278	1.0157	1
2007/2008	0.9934	0.9590	1	1.0451	0.9570	1
2008/2009	1.0072	0.9635	1	0.9969	0.9346	1
2009/2010	1.0601	1.0860	0	1.1607	1.1571	1
2010/2011	0.9449	1.0128	0	0.9296	1.0108	0
2011/2012	1.0140	1.0078	1	0.9920	0.9941	0
2012/2013	0.9836	0.9999	0	0.9814	0.9998	0
2013/2014	1.0252	0.9960	1	1.0166	0.9973	1
2000/2007	1.0611	1.0248	1	1.0842	1.0344	1
2007/2014	1.0035	1.0028	1	1.0154	1.0052	1
2000/2014	1.0319	1.0138	1	1.0492	1.0197	1

注："中>美"列中 1 表示"中国大于美国"，0 表示"中国小于美国"。

比较金融危机前后两个时间段，我们发现美国制造业总体与高技术产业也出现了类似的全要素生产率增速下降的事实，如制造业总体和高技术产业年均增长率分别从金融危机以前的 2.48% 和 3.44%，下降为金融危机以后的 0.28% 和 0.52%。对比中国和美国，尽管样本期内中国大多数年份的 TFP 增长率高于美国，但也存在部分年份低于美国，特别是金融危机以后，如中国高技术产业 2010—2013 年三年期间的全要素生产率跌幅均超过了美国高技术产业。这表明虽然美国同中国一样面临着全要素生产率增速下降的挑战，但是中国制造业的全要素生产率增速下降幅度更大，生产率增速下降的形势更为严峻。

1.2.2.2 CTFP 测算结果与中美比较

表 1-1 和表 1-2 反映了中国和美国制造业全要素生产率的增长速度，为进一步比较和明确中国制造业细分行业全要素生产率本身（而非增长率）与美国的差异，本章根据式(1-5)测算了 2000—2014 年中国制造业细分行业相对于美国细分行业的全要素生产率水平值(CTFP)，结果见表 1-3。

由表 1-3 可知，中国制造业的全要素生产率仍然处于较低的水平，特别是 2014 年制造业总体的 TFP 仅为美国同期的 39.89%，高技术产业的全要素生产率更低，是美国同期的 37.6%，这再次表明中国制造业全要素生产率还有很大的进步空间，与美国具有明显的差距。从时间趋势来看，中国制造业总体和高技术产业的全要素生产率与美国的差距呈现出先缩小后扩大的趋势，2000 年分别是美国同期的 33.02% 和 34.42%，2010 年提升到美国同期的 47.91% 和 46.21%，随后下降到 2014 年的 38.89% 和 37.6%。根据前文的分析可知，导致 2010 年以来中国制造业全要素生产率与美国差距扩大的原因主要是，金融危机以来中国制造业和高技术产业全要素生产率跌幅高于美国。因此，提升中国制造业特别是高技术产业的全要素生产率增速是未来一段时间内中国经济转型升级面临的重要任务。

表 1-3   中国制造业细分行业全要素生产率（CTFP）与美国的差距（2000—2014）

行业代码	2000 年	2002 年	2004 年	2006 年	2008 年	2010 年	2012 年	2014 年
ID5	0.3306	0.3308	0.3645	0.3654	0.4310	0.4022	0.4285	0.4107
ID6	0.2957	0.2652	0.2749	0.2997	0.2988	0.3160	0.3047	0.3076
ID7	0.2765	0.3355	0.3113	0.3114	0.3505	0.3828	0.3753	0.3636
ID8	0.4086	0.4984	0.4527	0.3722	0.3593	0.3216	0.3025	0.2929
ID9	0.3303	0.4100	0.3736	0.3035	0.2951	0.3145	0.2991	0.3127
ID10	0.1592	0.2169	0.1541	0.1846	0.2557	0.4612	0.2966	0.3518
ID11	0.4111	0.4054	0.4362	0.4341	0.4903	0.4309	0.4121	0.4066
ID12	0.4335	0.4270	0.4482	0.4366	0.4779	0.4089	0.4077	0.4073
ID13	0.2522	0.3170	0.3080	0.2795	0.2895	0.2622	0.2390	0.2726
ID14	0.2810	0.2177	0.2820	0.3813	0.5321	0.6210	0.5591	0.5001
ID15	0.5418	0.7456	0.8490	0.8613	0.9046	0.9184	0.7141	0.6882
ID16	0.2119	0.2594	0.2945	0.3061	0.3296	0.3216	0.2968	0.3046
ID17	0.3416	0.4202	0.4376	0.4145	0.4031	0.3593	0.2989	0.2953
ID18	0.3463	0.3367	0.3675	0.3338	0.3217	0.3115	0.2789	0.2703
ID19	0.2926	0.3937	0.4530	0.4270	0.3912	0.3927	0.3266	0.3271
ID20	0.2897	0.3892	0.4037	0.4371	0.6243	0.8102	0.5693	0.5487
ID21	0.2772	0.3597	0.3657	0.3541	0.3892	0.5016	0.4331	0.4123
ID22	0.2859	0.2696	0.1649	0.3259	0.2341	0.1554	0.1795	0.1999
制造业总体	0.3302	0.3815	0.4209	0.4255	0.4657	0.4791	0.4091	0.3989
高技术产业	0.3442	0.3948	0.4266	0.4123	0.4370	0.4621	0.3808	0.3760

注：美国制造业各细分行业各年的 CTFP 为 1，制造业总体和高技术产业为以行业增加值为权重的平均值。

截至 2014 年，细分行业中与美国差距最小的是基本金属制造业（ID15），是美国同期的 68.82%，该行业的全要素生产率在 2010 年时曾达到美国的 91.84%；其次是汽车、挂车和半挂车制造业（ID20）、其他非金属矿物制品制造业（ID14），分别是美国 2014 年的 54.87% 和 50.01%；与美国差距最大的三个细分行业分别是橡胶和塑料制品制造业(ID13)、电力设备制造业(ID18)、家具和其他制造业(ID22),分别是美国同期的 27.26%、27.03% 和 19.99%。同时从表 1-3 还可以看出,中国计算机、电子产品和光学产品制造业(ID17)的全要素生产率也与美国存在较大差距,仅为美国的 29.53%。与 2000 年相比,2014 年中国制造业中共有 7 个细分行业与美国的差距变大,其中主要是高技术行业,如化学品及化学制品制造业(ID11)、基本医药产品和医药制剂制造业(ID12)、计算机、电子产品和光学产品制造业(ID17)、电力设备制造业(ID18),其全要素生产率从美国同期的 41.11%、43.35%、34.16%、34.63% 下降为 40.66%、40.73%、29.53% 和 27.03%。

由此可见,2000—2014 年中国制造业总体和高技术产业的全要素生产率增长率高于美国,中国制造业呈现显著的追赶效应;在时间趋势上,金融危机后中美两国生产率增长率均明显下降,且部分年份中国生产率增速的跌幅甚至超过美国;中国制造业全要素生产率与美国的差距具有先缩小后扩大的趋势,截至 2014 年中国制造业与美国的差距巨大,仅为美国的 38.89%,高技术产业的差距更为明显,仅为美国的 37.6%。

1.3 基于贸易增加值的制造业发展质量测度与比较

1.3.1 全球价值链地位的测度方法

为进一步从出口贸易角度客观评价制造业的价值获取状况,反映全球价值链分工视角下制造业的经济地位,本章拓展 Koopman et al. (2010) 的做法,将一个国家各产业总出口分解为不同价值来源的部分。如式(1-7)所示,将增加值分配矩阵 $\hat{V}B$ 与出口对角矩阵 $\hat{E}$ 相乘,可以分解出总出口在国内和国外的增加值分配情况。

$$\hat{V}B\hat{E} = \begin{bmatrix} \hat{V}_1 B_{11} \hat{E}_1 & \hat{V}_1 B_{12} \hat{E}_2 & \ldots & \hat{V}_1 B_{1G} \hat{E}_G \\ \hat{V}_2 B_{21} \hat{E}_1 & \hat{V}_2 B_{22} \hat{E}_2 & \cdots & \hat{V}_2 B_{2G} \hat{E}_G \\ \ldots & \ldots & \ldots & \ldots \\ \hat{V}_G B_{G1} \hat{E}_1 & \hat{V}G_B G_2 \hat{E}_2 & \cdots & \hat{V}_G B_{GG} \hat{E}_G \end{bmatrix} \qquad (1-7)$$

其中，$\hat{V}B\hat{E}$ 和 B 是 $GN×GN$ 的矩阵，$\hat{V}$ 和 $\hat{E}$ 是 $GN×GN$ 的对角矩阵，分别表示增加值系数矩阵和出口矩阵，B 是完全消耗系数矩阵，$B=(I-A)^{-1}$。由于 $\hat{V}_1$ 和 $\hat{E}_1$ 是 $N×N$ 的对角矩阵，这样可以将一国出口增加值分解方法拓展至细分行业层面。具体来说，分块矩阵 $\hat{V}B\hat{E}$ 对角线上的元素表示一国总出口中国内增加值部分（DV），列向量上的非对角线元素之和表示一国总出口中国外增加值部分（FV），行向量上的非对角线元素之和表示其他国家出口中包含的一国间接增加值（IV）。以第 1 个国家为例，DV、FV 和 IV 可用如下式表示：

$$DV_1 = \hat{V}_1 B_{11} \hat{E}_1 \tag{1-8}$$

$$FV_1 = \sum_{s \neq 1}^{G} \hat{V}_s B_{s1} \hat{E}_1 \tag{1-9}$$

$$IV_1 = \sum_{r \neq 1}^{G} \hat{V}_1 B_{1r} \hat{E}_r \tag{1-10}$$

在分解出一国各行业出口中价值来源的基础上，参考 Koopman et al.（2010）提出的对一国某个产业参与全球价值链分工地位的测算方法，本章从价值获取能力的角度提出测度不同国家制造业发展质量的方法，如式（1-11）所示：

$$Q_{gvc} = \ln\left(1 + \frac{IV_{ci}}{E_{ci}}\right) - \ln\left(1 + \frac{FV_{ci}}{E_{ci}}\right) \tag{1-11}$$

式（1-11）刻画了国家 c 产业 i 在全球价值链中的经济地位，采用其他国家出口中国家 c 产业 i 获取的增加值减去产业 i 出口中的国外增加值表示。其基本逻辑是，如果其他国家出口中包含国家 c 产业 i 的增加值大于国家 c 产业 i 出口的国外增加值，表明国家 c 产业 i 在全球价值链分工中的地位较高。这一指标不仅反映了某一产业的价值链分工环节，而且该指标值越大，表明该产业更多地出口中间产品且较少地进口中间产品；此外这一指标也包含着该产业在全球贸易分工中的价值增值能力（戴翔和李洲，2017），综合体现出一国某产业在全球价值链分工中的经济地位。因而，该指标从贸易增加值收益状况的角度合理反映了制造业的发展质量。

1.3.2　全球价值链地位测度结果与中美比较

表 1-4 列出了 2014 年中美两国制造业 18 个细分行业在全球价值链分工中的国内增加值、国内增加值率以及经济地位指数，体现了 GVC 下制造业细分行业

的价值获取能力与发展质量。其中，最后两行分别表示制造业总体和高技术产业的经济地位。

表 1-4　　　　　**2014 年中美制造业全球价值链分工下的经济地位**　　单位：百万美元、%

行业代码	中　国			美　国			DV	DV/E	Q_{gvc}
	DV	DV/E	Q_{gvc}	DV	DV/E	Q_{gvc}	中>美		
ID5	50007.4	92.17	0.0785	66469.3	88.09	-0.0551	0	1	1
ID6	266847	89.38	-0.0417	10861.1	84.33	-0.0073	1	1	0
ID7	15921.8	85.91	0.107	5457.2	84.32	0.0583	1	1	1
ID8	10703.8	83.53	0.1173	20591.1	83.03	0.0392	0	1	1
ID9	3249.8	86.29	0.318	4155	88	0.2059	0	0	1
ID10	20998.8	74.26	0.0526	89766.6	70.77	-0.135	0	1	1
ID11	78508.2	80.54	0.0582	100526	84.84	0.1567	0	0	0
ID12	18432.6	90.33	-0.0172	35928.3	84.84	0.0459	0	1	0
ID13	49657.9	82.36	0.0126	24901.6	80.7	0.0349	1	1	0
ID14	39882.4	84.58	0.0074	9251.9	85.75	0.0708	1	0	0
ID15	68003.4	77.82	0.045	23947.8	77.12	0.0666	1	1	0
ID16	70024.6	82.38	-0.0377	35897	82.96	0.1053	1	0	0
ID17	403026	71.89	-0.1406	101106	89.99	0.2052	1	0	0
ID18	177413	80.24	-0.0967	26220.8	82.19	0.0389	1	0	0
ID19	156025	82.51	-0.0579	88214.9	81.13	-0.0387	1	1	0
ID20	51470.7	84.53	0.0003	77259.1	75	-0.1216	0	1	1
ID21	44059.2	82.05	-0.1001	100758	79.62	-0.0486	0	1	0
ID22	84229.7	88.31	-0.0507	32543.6	86.7	-0.0295	1	1	0
制造业总体	1608461.3	80.64	-0.0578	853855.3	81.47	0.0122	1	0	0
高技术产业	928934.7	77.2	-0.0923	530013.1	82.38	0.0369	1	0	0

　　注：作者根据 WIOD（2016）数据测算整理，"DV"表示出口国内增加值，"DV/E"表示出口国内增加值率，"Q_{gvc}"表示全球价值链经济地位，最后两列"中>美"中 1 表示"中国大于美国"，0 表示"中国小于美国"。

由表 1-4 可知，从整体上看，不管是制造业总体还是高技术产业，2014 年中国出口的国内增加值始终高于美国，制造业总体的出口国内增加值高达16084.613 亿美元，高技术产业的出口国内增加值达到 7989.558 亿美元，均是美国的 2 倍左右。从细分行业来看，中国出口国内增加值数额最大的行业是计算机、电子产品和光学产品制造业（ID17），高达 4030.26 亿美元，是美国的 4 倍左右；纺织、服装与皮革制造业（ID6）出口中国内增加值次之，达到 2668.47 亿美元，是美国的 2.5 倍左右；电力设备制造业（ID18）和未另分类的机械与设备制造业（ID19）分别位列第三、第四位，其出口国内增加值也都是美国的 2 倍左右。不同的是，中国化学品及化学制品制造（ID11）、基本医药产品和医药制剂制造（ID12）、汽车、挂车和半挂车制造（ID20）、其他运输设备制造（ID21）、焦炭和精炼石油产品制造（I10）等 8 个行业出口国内增加值均低于美国。尽管计算机、电子产品和光学产品制造业（ID17）同样是美国出口增加值最大的行业，但与中国不同，美国出口国内增加值数额第二、第三和第四大行业更多的是技术密集型行业，分别是其他运输设备制造业（ID21）、化学品及化学制品制造业（ID11）、焦炭和精炼石油产品制造业（ID10）。

从中国制造业出口的国内增加值率来看，18 个制造业细分行业中有 12 个行业出口的国内增加值率高于美国，仅有 6 个行业的出口国内增加值率低于美国（ID9、ID11、ID14、ID16、ID17、ID18）。其中最值得关注的是，高技术产业中计算机、电子产品和光学产品制造业（ID17）的出口增加值率仅为 71.89%，不仅是中国制造业所有细分行业出口国内增加值数额最大的行业，而且是国内增加值率最低的行业。与之形成鲜明对比的是，计算机、电子产品和光学产品制造业（ID17）是美国制造业细分行业中国内增加值率最高的行业，高达 89.99%。其主要原因在于，美国占据了计算机、电子产品和光学产品制造业（ID17）最核心的芯片生产制造环节，这一环节技术进步速度十分快，且技术越先进、越高端的芯片产品市场占有率越高，导致中国等发展中国家难以通过先进入低端环节和低端产品市场，在积累技术经验和技术人才的基础上逐步迈向中高端环节。从整体上看，中国制造业总体的出口国内增加值率为 80.64%，略低于美国（81.47%）；随着行业技术密集程度的提高，中国高技术产业的出口国内增加值率下降到77.2%，而美国高技术产业的出口国内增加值率上升到 82.38%。

从中国制造业细分行业在全球价值链分工中的经济地位来看，记录媒介物的印刷及复制业（ID9）在全球价值链的经济地位最高，高达 0.318；纸和纸制品制造业（ID8）、木材制品（家具除外）及草编、编织材料物品制造业（ID7）、食品、饮料与烟草制造业（ID5）、化学品及化学制品制造业（ID11）分别位于前 5 位，共有 10 个行业的全球价值链经济地位指数大于 0（其他 5 个行业是 ID10、ID15、ID13、ID14 和 ID20），除化学品及化学制品制造业（ID11）、汽车、挂车和半挂车制造业（ID20）外，主要是低技术和中低技术行业。这表明中国在低技术和中低技术行业中从国外出口获取的增加值高于本国出口的国外增加值，具有较高的价值获取能力，在全球价值链中的经济地位和发展质量也相对较高。所有细分行业中，中国计算机、电子产品和光学产品制造业（ID17）的经济地位指数最低，仅为-0.1406，表明该产业占据全球价值链的低端环节，主要从事组装与加工生产，较少涉及芯片等核心环节，因此国际分工收益较少，价值获取能力较低。然而，美国制造业中共有 14 个细分行业的价值链经济地位指数大于 0，其中计算机、电子产品和光学产品制造业（ID17）的地位指数高达 0.2052，仅次于记录媒介物的印刷及复制业（ID9，0.2059）、化学品及化学制品制造业（ID11）、基本医药产品和医药制剂制造业（ID12）、电力设备制造业（ID18）等技术密集型行业，表明美国制造业中的技术密集型行业具有较高的价值链经济地位。

从中美两国对比来看，中国 18 个制造业行业中仅有 6 个行业的价值链经济地位指数高于美国，主要是劳动密集型的中低技术行业如食品、饮料与烟草制造业（ID5）、木材制品（家具除外）及草编、编织材料物品制造业（ID7）、纸和纸制品制造业（ID8）、记录媒介物的印刷及复制业（ID9）、焦炭和精炼石油产品制造业（ID10）、汽车、挂车和半挂车制造业（ID20），其他 12 个行业均低于美国。中国制造业总体和高技术产业全球价值链经济地位指数均为负数，且高技术产业的经济地位指数小于制造业总体，说明中国制造业特别是高技术行业更多地依赖进口中间产品，价值增值能力处于较低水平。美国制造业总体和高技术产业的经济地位指数均为正数，且高技术产业的经济地位指数大于制造业总体，具有较强的价值增值能力。

为了比较 2000 年以来中美两国参与全球价值链分工的经济地位时序特征，本章通过绘制图 1-1 和图 1-2 更加直观地反映制造业国内增加值率和价值链经济地位指数的变动趋势。

从图 1-1 的 23 和 24 可以看出，中国制造业总体和高技术产业的出口国内增加值率呈现先下降后上升的趋势，在 2009 年出现一个明显的波峰；不同的是，尽管美国制造业总体和高技术产业的出口国内增加值率也在 2009 年出现显著回升，但总体上呈现明显的下降趋势。

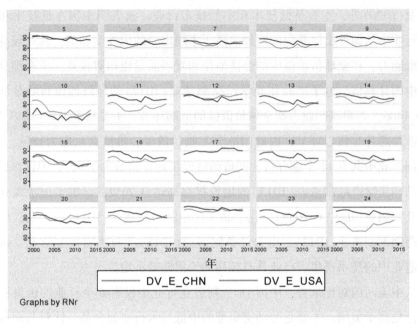

注：DV_E_CHN 表示中国制造业国内增加值率，DV_E_USA 表示美国制造业国内增加值率；5-22 分别表示对应 18 个细分行业，23 和 24 分别表示制造业总体和高技术产业。

图 1-1　中美两国制造业细分行业出口国内增加值率变动趋势

细分行业层面上，随着中国 2001 年加入世界贸易组织以来，一些行业的出口国内增加值率实现了对美国相同行业的赶超，包括技术含量低的劳动密集型行业（ID5、ID6、ID7、ID8、ID9 和 ID22）、部分中低技术行业（ID13、ID15）以及部分中高技术行业（ID12、ID19、ID20 和 ID21），还有一些行业的出口增加值率也逐步接近美国(ID9、ID14、ID16 和 ID18)。中国和美国的焦炭和精炼石油产品制造业(ID10)国内增加值率均呈现下降趋势,但中国始终高于美国。然而,高技术行业具有不同的特征,中国计算机、电子产品和光学产品制造业(ID17)的国内增加值率也具有先下降后上升的明显趋势,美国这一行业在样本期内也存在明显的上升趋势,中国始终低于美国,且两者之间还有很大的差距。

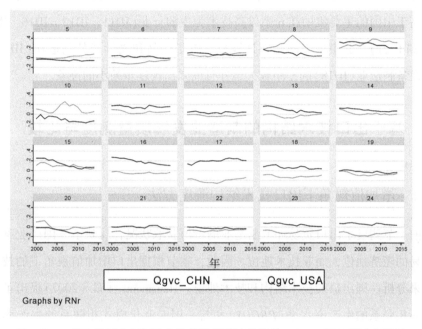

注:Qgvc_CHN 表示中国制造业价值链经济地位指数,Qgvc_USA 表示美国制
造业价值链经济地位指数;5-22 分别表示对应 18 个细分行业,23 和 24 分别
表示制造业总体和高技术产业。

图 1-2　中美两国制造业细分行业全球价值链经济地位指数变动趋势

从图 1-2 可知,中美两国全球价值链经济地位指数的变动趋势也存在类似国内增加值率的特征,不管是制造业总体还是高技术产业都具有先下降后上升的"V 形"趋势,这与王岚(2014)和戴翔、李洲(2017)的研究结果具有一致性。近年来,随着中国制造业总体全球价值链经济地位指数的逐渐攀升,以及美国制造业总体 GVC 经济地位指数的逐步下滑,中国对美国具有明显的追赶趋势,两者

之间的差距日益缩小；从高技术产业 GVC 经济地位指数来看，尽管中国高技术产业也表现出逐渐攀升的迹象，但美国并没有出现较为明显的衰减，中国一直为负数，美国始终保持在 0 以上，中美高技术产业的差距并没有缩小的趋势。从细分行业来看，不同于中国制造业总体 GVC 经济地位指数先下降后上升的"V 形"趋势，纸和纸制品制造业（ID8）和焦炭和精炼石油产品制造业（ID10）具有先上升后下降的"倒 V 形"特征，且始终高于美国；细分行业中美国 GVC 经济地位指数始终高于中国的主要集中在 6 个以高技术为主的行业（ID11、ID12、ID16、ID17、ID18 和 ID21），其中中美两国在计算机、电子产品和光学产品制造业（ID17）和电力设备制造业（ID18）的差距较大，并且尚未出现逐步缩小的迹象。

1.4　基于出口技术结构的制造业发展质量测度与比较

1.4.1　增加值视角下出口技术结构测度方法

前一节测度了出口贸易环节制造业的价值获取状况，反映了一国产业参与全球贸易的经济地位，而非技术地位。因此，本节根据出口增加值视角下的技术复杂度来分析一国出口的技术结构和技术地位。Hausmann et al. (2007) 提出了与出口产品相联系的生产率水平（$PRODY$）和与一国专业化模式相联系的生产率水平（$EXPY$）等衡量指标。由于这两个指标能够反映一国出口的技术含量和技术结构，因此经常被用来衡量出口复杂度（Export Sophistication）（王永进等，2010；黄永明和张文洁，2012）。Rodrick (2006) 的测算结果表明，出口复杂度指数和人均 GDP 具有较高的正相关性，但中国和印度是例外，其出口复杂度指数 EXPY 显著地高于其经济发展水平（人均 GDP）的对应值，特别是 1992 年中国出口复杂度指数达到当时人均收入水平的 6 倍。Hausmann et al. (2007) 给出的出口复杂度的测算方法如式（1-12）和式（1-13）所示：

$$PRODY_i = \sum_c \left(\frac{x_{ci}/X_c}{\sum_c (x_{ci}/X"c)} Yc \right) \tag{1-12}$$

$$EXPY_c = \sum_i \left(\frac{x_{ci}}{X_c} \mathrm{PRODY}_i \right) \tag{1-13}$$

其中，x_{ci} 表示国家 c 产品 i 的出口额，X_c 表示国家 c 的总出口额，Y_c 表示国家 c 的人均 GDP。由式(3-12)和式(3-13)可以看出，出口复杂度仍然是从出口总额的角度测算复杂度，在当前加工贸易盛行的背景下，由于一国出口中包含了进口自其他国家的中间产品，极容易出现对出口技术复杂度的高估(丁小义和胡双丹，2013)。因此，本节试图从出口增加值的视角，改进出口复杂度的测算方法，通过使用出口的国内增加值(DV)代替式(1-12)和式(1-13)中的出口额，这样有助于剔除一国出口中进口中间投入的附加值，真实反映一国出口的收益。改进后的测算方法如下所示：

$$PRODY_{DVi} = \sum_c \left(\frac{dv_{ci}/DV_c}{\sum_c dv_{ci}/DV_c} Y_c \right) \tag{1-14}$$

$$Qexpy_c = \sum_i \frac{dv_{ci}}{DV_c} \mathrm{PRODY}_{DVi} \tag{1-15}$$

其中，dv_{ci} 表示国家 c 行业 i 的出口国内增加值，DV_c 表示国家 c 的出口国内增加值，Y_c 表示国家 c 的人均 GDP。

1.4.2 出口技术结构测度结果与中美比较

根据上述测算式，本节使用 WIOD(2016)社会经济账户数据，以及来自世界银行基于购买力平价的人均 GDP(2011 年不变价美元)，测算了增加值视角下 43 个国家(地区)制造业的出口技术复杂度。图 1-3 描绘了 2014 年各国(地区)出口技术复杂度和人均 GDP 的散点分布。

由图 1-3 可知，在出口国内增加值视角下，2014 年中国制造业的出口技术复杂度 Qexpy 在所有 43 个国家或地区中并不高，没有出现 Rodrick(2006)的技术复杂度异常现象，尽管高于印度、印度尼西亚、土耳其等国，但与美国、德国、英国、日本等制造业强国之间的差距很大。进一步比较出口技术复杂度与人均 GDP 拟合值可知，虽然中国制造业出口技术复杂度高于人均 GDP 对应的拟合值，但是两者之间的差距并不十分明显，如小于德国出口技术复杂度与其人均 GDP 的相当水平，大于美国制造业出口技术复杂度与其人均 GDP 的对应拟合值，

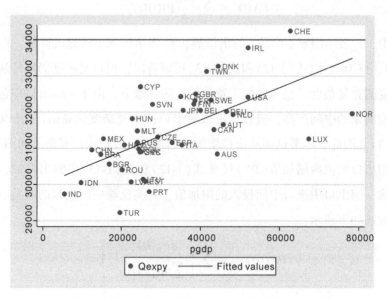

注：Qexpy 表示制造业的出口技术复杂度；Fitted values 表示拟合值。

图 1-3　增加值视角下制造业出口技术复杂度与人均 GDP 的散点分布

因此中国的这一差距尚处于合理区间内，在增加值视角下不存在所谓的 Rodrick 悖论。

表 1-5 给出了中美两国制造业细分行业对总体出口复杂度的贡献情况。从细分行业来看，基本医药产品和医药制剂制造业（ID12）的技术复杂度水平最大，高达 39593.7 美元；其次是计算机、电子产品和光学产品制造业（ID17），技术复杂度为 34690.0 美元；其他运输设备制造业（ID21）、未另分类的机械和设备制造业（ID19）、化学品及化学制品制造业（ID11）的技术复杂度分别位列第三、第四和第五，分别是 34648.5 美元、34185.6 美元和 33285.2 美元；纺织、服装与皮革制造业（ID6）、木材制品（家具除外）及草编、编织材料物品制造业（ID7）、其他非金属矿物制品制造业（ID14）的技术复杂度位列最后三位。由此可以看出，技术复杂度最高的前五个行业都属于技术密集型行业，说明基于增加值视角测算的各细分行业的 PRODY 指数高度拟合与刻画了制造业细分行业的技术含量。

表 1-5　增加值视角下中美两国制造业细分行业出口技术复杂度（2014 年）

行业代码	$PRODY$	中国 dv_{ci}/DV_c	中国 id_prody	美国 dv_{ci}/DV_c	美国 id_prody	dv_{ci}/DV_c 中>美	id_prody
ID5	30337.3	3.11	943.2	7.78	2361.6	0	0
ID6	23537.6	16.59	3904.9	1.27	299.4	1	1
ID7	27709.6	0.99	274.3	0.64	177.1	1	1
ID8	33148.0	0.67	220.6	2.41	799.4	0	0
ID9	31880.3	0.20	64.4	0.49	155.1	0	0
ID10	29896.2	1.31	390.3	10.51	3143.0	0	0
ID11	33285.2	4.88	1624.6	11.77	3918.7	0	0
ID12	39593.7	1.15	453.7	4.21	1666.0	0	0
ID13	29626.1	3.09	914.6	2.92	864.0	1	1
ID14	28827.9	2.48	714.8	1.08	312.4	1	1
ID15	30793.1	4.23	1301.9	2.80	863.6	1	1
ID16	31043.2	4.35	1351.5	4.20	1305.1	1	1
ID17	34690.0	25.06	8692.1	11.84	4107.7	1	1
ID18	29982.3	11.03	3307.0	3.07	920.7	1	1
ID19	34185.6	9.70	3316.1	10.33	3531.8	0	0
ID20	30556.6	3.20	977.8	9.05	2764.8	0	0
ID21	34648.5	2.74	949.1	11.80	4088.6	0	0
ID22	29567.0	5.24	1548.3	3.81	1126.9	1	1
制造业总体	—	100.00	30949.4	100.00	32406.1	0	0
高技术产业	—	57.75	33453.74	62.07	33828.70	0	0

注：最后两列"中>美"中 1 表示"中国大于美国"，0 表示"中国小于美国"。

　　中国制造业出口增加值中份额最大的前三个细分行业是计算机、电子产品和
光学产品制造业（ID17）、纺织、服装与皮革制造业（ID6）、电力设备制造业

（ID18），占比分别是 25.06%、16.59% 和 11.03%，表明中国的这三个行业具有一定的国际竞争力；美国制造业中计算机、电子产品和光学产品制造业（ID17）、其他运输设备制造业（ID21）、化学品及化学制品制造业（ID11）的出口国内增加值占制造业总体的比例最高，分别是 11.84%、11.80% 和 11.77%，表明美国在以上三个行业具有较强的出口竞争力。同时，中国出口增加值份额最大的三个行业比例加总为 52.68%，而美国制造业中出口最大的三个行业比例加总为 35.41%，说明中国制造业的出口集中度大于美国，美国制造业细分行业的出口更加分散。

无论是中国还是美国，细分行业对制造业出口技术复杂的贡献额都与国内增加值出口份额具有相同的特征，如中国细分行业对制造业出口技术复杂度贡献最大的是 ID17、ID6、ID19 和 ID18，美国细分行业对出口复杂度贡献最大的是 ID17、ID21、ID11 和 ID19，这都与细分行业的国内增加值出口份额具有较强的相关性。进一步比较中美两国的出口份额和出口技术复杂度贡献额情况，中国国内增加值出口份额和对 EXPY 贡献额比美国大的行业主要有 9 个，分别是 ID6-ID7、ID13-ID18 和 ID22，其中除计算机、电子产品和光学产品制造业（ID17）外，这些细分行业的技术含量 PRODY 指数都很低，只有基本金属制造业（ID15）、机械设备除外的金属制品制造业（ID16）的 PRODY 指数处于前 9 位，分别是第八和第九；相比之下，美国细分行业中出口份额和对 EXPY 贡献额比中国大的 9 个行业的技术含量较高。因此，中国制造业总体的出口技术复杂度为 30949.4 美元，低于美国（32406.1 美元），高技术产业的出口技术复杂度高于制造业总体，但中国高技术产业技术复杂度同样低于美国。

图 1-4 绘制了 2000 年到 2014 年增加值视角下中国与美国、德国、日本三个国家制造业和高技术产业出口技术复杂度的变动趋势。由图 1-4a 可知，中国、美国、德国和日本四个国家制造业的出口技术复杂度总体上呈上升趋势，其中受到金融危机的影响，2008—2009 年四国的出口技术复杂度均明显向下波动，2010 年以后继续保持增长趋势。其中，美国的技术复杂度指数在样本期内始终处于最高，德国和日本的 Qexpy 指数几度重合在一起，表明这两个国家制造业的出口技术含量十分接近，且与美国的差距不大；相比之下，中国制造业的出口技术复杂度与美国存在更大的差距，然而在加入 WTO 以后，这种差距逐渐缩小。

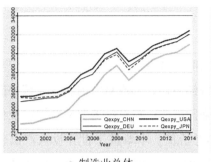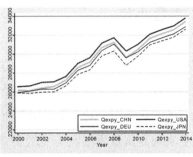

a. 制造业总体   b. 高技术产业

注：Qexpy_CHN、Qexpy_USA、Qexpy_DEU 和 Qexpy_JPN 分别表示中国、美国、德国和日本制造业的出口技术复杂度。

图 1-4 增加值视角下中美德日制造业与高技术产业出口技术复杂度趋势

由图 1-4b 可知，总体上高技术产业的出口技术复杂度的变动趋势同制造业总体相同，除在 2008—2009 年出现向下波动外，其余时间均呈现明显上升；不同的是，中国高技术产业的出口技术复杂度高于德国和日本，但仍低于美国，但之间的差距很小，我们认为主要得益于计算机、电子产品和光学产品制造业（ID17）在中国高技术产业出口国内增加值中的比例较高有关，如 2005 年这一比例高达 52.72%，2014 年降低为 43.39%，而 2014 年美国、德国和日本计算机、电子产品和光学产品制造业（ID17）占高技术产业出口国内增加值的比例分别为 19.08%、9.86%和 24.46%。

基于上述三个方面的比较分析可见，中国与美国制造业发展质量的差距巨大：从全要素生产率来看，中国制造业总体仅为美国的 39.89%，其中高技术产业仅为美国的 37.6%，尽管金融危机前中国制造业全要素生产率增长率具有明显的追赶效应，但金融危机后这种追赶效应减弱；从全球价值链的价值获取能力来看，中国制造业总体低于美国，同样高技术产业与美国的差距更大，制造业总体与美国的差距逐步缩小，但高技术产业与美国的差距没有缩小的趋势；增加值视角下中国制造业总体的出口技术复杂度接近人均收入相关的对应水平，低于美国、日本和德国，其中高技术产业的出口技术复杂度高于日本和德国，但低于美国。

1.5　本章小结

在中国经济转向高质量发展阶段的新时代背景下，正确评价与测度中国制造业的发展质量，并通过与美国等发达经济体对比，形成对中国制造业核心能力与发展质量的客观认识，对于实施制造业强国战略、应对中美贸易摩擦以及促进中国制造业实现高质量发展具有重要的参考价值。本章基于世界投入产出数据库（WIOD2016）提供的社会经济账户及国家间投入产出数据，从生产制造环节的全要素生产率、出口贸易环节反映增加值收益的经济地位指数以及反映出口技术结构的技术复杂度三个视角，客观评价和比较分析了中国与美国制造业发展质量及其时序演变特征。经过研究，本章得出如下主要结论。

第一，样本期内中国制造业的实际全要素生产率（RTFP）增长率高于美国，呈现出追赶效应，中美高技术产业 TFP 增长率均高于制造业总体；从时间趋势上看，2008 年金融危机后，尽管中美制造业实际全要素生产率增速均出现明显下降，但是 2010—2013 年中国制造业特别是高技术产业的生产率增速跌幅超过美国，生产率增长率下降形势更为严峻；从全要素生产率水平来看，样本期内中国与美国的差距呈现先缩小后扩大的趋势，中国制造业全要素生产率仍与美国存在很大的差距，2014 年制造业总体是美国的 39.89%，中国高技术产业与美国的差距更大，如中国计算机、电子产品和光学产品制造业仅为美国的 29.53%。

第二，从出口的国内增加值率和 GVC 经济地位指数来看，中国制造业总体和高技术产业均低于美国；随着技术密集度提高，美国出口增加值率和经济地位指数均有所提升，而中国出口增加值率和经济地位指数降低；从时间趋势上看，中国制造业总体和高技术产业的国内增加值率和经济地位指数均呈现先下降后上升的趋势，美国制造业总体呈下降趋势，而美国高技术产业变化趋势不明显，中美两国制造业总体的差距逐步缩小，中美高技术产业仍存在一定的差距；从细分行业来看，中国计算机、电子产品和光学产品制造业的国内增加值率和经济地位指数均处于所有细分行业最低水平，而美国这一行业的增加值率和经济地位指数分别处于首位和第二位。

第三，出口增加值的技术复杂度最大的三个行业分别是基本医药产品和医药制剂制造业(ID12)、计算机、电子产品和光学产品制造业(ID17)、其他运输设备制造业(ID21);中国制造业出口集中度高于美国,出口主要集中在计算机、纺织服装和电力设备行业;增加值视角下中国制造业总体的技术复杂度并未异常高于中国人均收入对应技术水平,不存在 Rodrick 悖论;样本期内中国制造业总体的出口技术复杂度整体上呈现上升趋势,受金融危机影响在 2009 年存在一个向下波动;制造业总体与美国、德国和日本等发达国家存在较大差距,而高技术产业的出口技术复杂度高于德国和日本,但仍然低于美国,这主要与中国高技术产业出口增加值中计算机、电子产品和光学产品制造业(ID17)占比较高有关。

由此可知,无论是从生产效率、贸易增加值收益还是出口技术结构来看,中国制造业发展质量仍然与美国存在较大差距,如何提升制造业发展质量是当前及未来一段时间内中国经济需要面对和解决的关键问题。

第 **2** 章

双轮驱动：制度创新与技术创新协同的高质量发展路径

《国家创新驱动发展战略实施纲要》指出："实施创新驱动要坚持双轮驱动"，"双轮驱动就是科技创新和体制机制创新两个轮子相互协调、持续发力"，凸显出国家层面诉诸技术与制度协同创新谋求产业发展的战略思路。因而，探寻技术与制度协同创新规律应成为学术研究的重要方向。那么，技术创新与制度创新是否存在协同互动？两者协同对制造业高质量发展的协同效应如何？怎样协调两种创新促进制造业高质量发展？

国外学者已分别证实技术和制度变迁对经济增长的作用，当前争论焦点在于制度和技术进步（人力资本）两者的决定关系，即哪个是决定经济绩效的根本性因素（Acemoglu et al.，2001；Glaeser，2004；Acemoglu et al.，2014）。一些学者试图避免这种两难选择，引入共同决定的视角，李富强等（2008）将制度变量引入增长模型发现，当制度完善时，经济增长主要体现为技术进步和人力资本发展，而当制度不完善时，经济增长会受到制度的限制；樊纲等（2011）实证测算科技进步和市场化的贡献，发现市场化进程对地区经济增长贡献比科技进步高出10%。作为相关文献的另一条思路，如 Nelson（2002）和 Pelikan（2003）从演化经济学的角度，将制度和技术分别作为社会技术和物质技术经历遗传、变异和选择的演化，认为两者互为选择力量，共同推动产业发展。

基于研究方法的不同，后续相关文献主要从三个方面进行拓展：一是运用案例分析法探讨产业成长中技术与制度的协同演化，如 Murmann（2003）分析和比较了美国和欧洲四个国家合成染料产业中技术与制度协同演化的差异；孙晓华和秦川（2011）以中国水电行业的发展历程考察了技术与制度的互动性；邱国栋和马巧慧（2013）从技术与制度内生耦合的角度比较了韩国现代与中国吉利汽车公司的成长过程；眭纪刚和陈芳（2016）分析了中国电动汽车产业发展过程案例。二是运用协同学哈肯模型来探讨决定高技术产业系统演化的序参量，如郭莉等（2005）运用哈肯模型建立产业生态系统演化方程；赵玉林、魏芳（2007）探讨高技术产业化的过程机制发现，研发投入与科技成果转化存在协同关系；赵玉林和王春珠（2017）运用哈肯模型分析了战略性新兴产业创新与需求的协同作用及其异质性。三是借鉴孟庆松等人提出的复合系统协调度模型来计算协同度；刘英基（2014）构建了高技术产业高端化与产品创新、工业创新的协同度模型；贾军和张卓（2013）从绩效、资源共享和资源互补三个层面测度了高技术产业业务协同度；卞元超等（2015）在测算产学研协同创新度后，考察了其与技术进步的关系；刘英基（2015）测算有序度和协同度后发现，制度创新没有发挥对高端化的正向作用，制度创新是技术创新的格兰杰原因，技术创新是高端化的原因。

梳理文献后发现，现有研究存在一些不足：一是大多以新兴产业案例对技术与制度演化作理论和概念分析，缺乏运用实证方法揭示技术与制度协同创新规律的研究；二是现有研究停留在探讨技术与制度的协同关系，忽略了两者对制造业高质量发展的协同效应研究。为弥补文献的缺憾，本章探讨制度与技术协同创新机制，利用高技术产业数据，构建制度创新指数，运用联立方程模型给出技术与制度协同的经验证据，并测算两者对高技术制造业高质量发展的协同效应。

2.1　制度创新与技术创新协同的作用机理

根据协同学原理，协同效应是复杂环境下开放系统中大量子系统相互影响与合作而产生的整体效应。因而，子系统的互动作用是产生协同效应的基本前提，技术创新与制度创新作为产业创新系统的子系统，两者相互促进、相互作用以及相互制约的关系，有利于形成技术创新与制度创新的协同效应，进而对产业升级产生"1+1>2"的综合效果。

2.1.1　制度创新对技术创新的作用机理

制度创新是通过提供确定性的规则，降低微观个体的交易费用，实现与产业有关的新技术、高端人才等资源的有效配置，带动产业增长和转型升级。制度创新对技术创新的影响体现在三个方面。

（1）产权制度创新提高了全社会的激励水平，激发了企业开展创新活动的动力。一方面，随着国有企业产权改革及非国有经济的发展，促进企业经营决策权和剩余索取权开始逐渐由政府转移到企业（张军和王祺，2004），企业对经营绩效的依存程度加剧，经营目标更注重利润最大化，企业出于对长期利润的考虑，从事创新的动力增强。另一方面，知识产权保护制度保证新产品和新技术获得排他性的高额收益，这种制度保障不仅有利于创新型企业收回研发成本，也为后续技术创新提供资金准备，进一步激励企业的技术创新行为。

(2)市场发育促进行业竞争和优化创新资源配置，提升技术创新绩效。一方面，产品市场发育提升企业所在行业的竞争程度，促使企业通过谋求新产品、新服务和新工艺等方式"逃离竞争"，从而获取较高的创新垄断收益(张杰等，2014)，且产品市场发育有利于企业及时把握消费者的需求及偏好，促进企业研发创新活动。另一方面，要素市场发育有助于改善创新资源的配置效率，提升企业技术创新效率。首先，资本、原材料等市场发育使得企业通过非人格化交换获取创新所需的资金和原材料；其次，劳动力市场发育有利于研发人员的自由流动和知识溢出；最后，技术市场的发育促进新技术的推广、转移及扩散，有利于企业基于引进技术的消化、吸收和再创新，进一步提高研发活动的产出绩效。

(3)政府干预程度下降有利于弱化企业寻租动机，将更多的精力用于创新性活动。当前，我国经济转型期的一个制度特征是政府通过控制行政审批、市场准入、补贴、税收等以及制定产业政策等方式对经济进行调控(方军雄，2007)，这种情况下企业从事非生产性的寻租活动变得有利可图，将挤出企业在生产经营和研发创新方面的资源分配和精力。并且，由于信息不对称及虚假信号等原因，政府补贴流入不该补贴和不需要补贴的企业，降低创新资源配置效率(白俊红和卞元超，2016)。因而，政府干预的减少降低了政府在资源分配中的比例，一方面有利于发挥市场对创新资源的优化配置；另一方面，由于压缩企业寻租空间，弱化企业通过寻租获取超额利润的动机，将有限的资源和精力用于创新性活动。

2.1.2 技术创新对制度创新的作用机理

技术创新通过研发新产品和改进生产工艺流程实现技术进步，促进产品质量提升和生产效率增长，推动产业实现快速增长和转型升级。技术创新对制度创新的影响也体现在三个方面。

(1)技术创新为新制度的形成提供技术手段和技术保障，扩大制度创新的可能性边界。首先，企业研发活动形成新的技术平台和应用，为新制度的设计提供技术保障，突破制约制度创新的技术瓶颈，如基于大数据技术的个人征信系统促进了国家信用体系建设等。其次，新技术的应用与推广降低制度创新的实施成

本，为新制度的形成和实施提供了可能(Pelikan，2003)，基于互联网与信息技术
的电子政务平台简化了行政审批程序，降低政府对企业的干预程度。最后，新技
术还可以通过改变经济活动参与者的认知，新技术提供了一种新的解决方案，推
动参与者认知模式的演变(黄凯南等，2014)，进而推动制度创新的边界扩展。

(2)技术创新催生出新产业和新的产业组织，促进相关市场竞争及资源配
置。一方面，技术创新带来新的盈利机会，催生出提供相同产品和服务的融合型
产业，加剧了要素市场竞争和市场化改革，如互联网技术催生出互联网金融产
业，加剧了传统金融行业的竞争，促进了金融制度及金融体系的变革。另一方
面，技术创新有利于提升要素资源的配置效率，基于电子商务技术的在线营销、
在线交易等加快了要素市场上的供需匹配，提升了供给商与需求商的议价能力，
实现了资源配置效率的优化。

(3)技术创新改变原有产业的利益分配格局，相应制度创新的动力增强。技
术创新产生新的商业模式，改变原有制度下的经济活动参与者之间的利益分配，
一方面，远离原来的制度和规则可能有更高的收益，这种利益改变激励经济活动
参与者学习新的行为规则，引发制度创新；另一方面，技术创新衍生出的新的商
业模式可能面临较高的交易费用，为实现新商业模式带来的潜在利润，进行降低
交易费用的制度创新的动力增加。

基于技术与制度协同创新作用机制，两者协同驱动产业升级存在两条路径：
一是源于制度创新，通过促进技术创新对产业升级形成协同效应，称为"制度→
技术"路径；二是源于技术创新，通过诱发制度创新对产业升级形成协同效应，
称之为"技术→制度"路径。

2.2 模型设定、变量与数据说明

现有用来研究协同的实证方法主要有复杂系统协调度模型和哈肯模型，前者
实际上表示两个系统同升同降的协调度而非协同度，后者虽可分析两个子系统间
的协同关系，却难以判断两个子系统是否对产业系统具有协同效应。鉴于此，本
节借鉴哈肯模型的主要思想，通过运用联立方程模型来探讨技术创新与制度创新
的协同关系，进而引入协同效应计量模型，测算两者互动对产业高质量发展的协

同效应。

2.2.1 模型设定

(1)技术与制度联立方程模型。如前所述，技术创新与制度创新存在协同互动的双向因果关系，本节通过建立包含两个模型的联立方程，采用三阶段最小二乘法克服内生性问题的干扰，考察技术与制度的协同互动关系。

技术创新决定模型。首先，根据投入产出思想，研发投入是影响产业技术创新的重要因素；其次，制度环境与创新政策会影响产业技术创新绩效；另外，鉴于技术创新的连续效应，因而设定技术创新决定模型如下：

$$\ln Tech_{it} = \alpha_0 + \alpha_1 \ln Tech_{it-1} + \alpha_2 \ln RD_{it} + \alpha_3 Instit_{it} + \alpha X_{it} + \varepsilon_{it} \qquad (2-1)$$

其中，$Tech_{it}$ 表示技术创新水平，RD_{it} 表示研发投入，$Instit_{it}$ 表示制度创新，$Tech_{it-1}$ 表示技术创新水平的滞后项，用以捕捉技术创新的动态变化和连续性。

制度创新决定模型。如前分析，技术创新为制度创新提供技术保障，扩展制度创新的可能边界。同时，制度创新可能与经济发展水平以及居民受教育程度有关，因而设定制度创新决定模型如下：

$$Instit_{it} = \beta_0 + \beta_1 \ln Tech_{it} + \beta_2 \ln PerGDP_{it} + \beta_3 Edu_{it} + \beta X_{it} + \mu_{it} \qquad (2-2)$$

其中，$PerGDP_{it}$ 表示当地经济发展水平，Edu_{it} 表示平均受教育年限，反映居民的受教育水平。X_{it} 是其他控制变量，主要包括企业规模和盈利水平。

技术创新与制度创新是否存在互动关系是发挥协同效应的重要前提，本节将式(2-1)和式(2-2)建立联立方程来检验技术创新与制度创新之间的协同互动关系。

(2)协同效应计量模型。在实证技术与制度协同互动关系后，为考察技术创新与制度创新对高技术产业的协同效应，引入柯布-道格拉斯生产函数：

$$Y_{it} = A_{it} K_{it}^{\gamma 1} L_{it}^{\gamma 2} \qquad (2-3)$$

其中，Y_{it} 表示高技术产业产出，K_{it} 和 L_{it} 分别表示资本投入和劳动投入，A_{it} 表示产业增长中扣除资本投入和劳动投入贡献后剩余的部分，即产业全要素生产率。在产业融合、交叉和渗透背景下，产业结构升级就是生产率高的部门不断替代生产率低的部门成为主导部门，因而产业升级的本质是生产率不断提升。技术进步以及制度创新都会影响全要素生产率，从而促进产业实现升级。此外，参考樊纲等(2011)的设定，将交通基础设施作为控制变量加入模型：

$$A_{it} = Ae^{\gamma_3 \text{ln}tech_{it} + \gamma_4 Instit_{it} + \gamma_5 \ln Infra_{it} + \lambda_i + \upsilon_{it}} \quad (2-4)$$

其中，$Infra_{it}$表示基础设施水平，将式(2-4)代入式(2-3)，并取对数可得：

$$\ln Y_{it} = \gamma_0 + \gamma_1 \ln K_{it} + \gamma_2 \ln L_{it} + \gamma_3 \ln Tech_{it} + \gamma_4 Instit_{it} + \gamma_5 \ln Infra_{it} + \upsilon_{it} \quad (2-5)$$

采用式(2-5)考察制度与技术对产业生产率的总体效应，很显然 γ_3 和 γ_4 是在不考虑技术与制度存在协同机制时的总体效应；然而，当以系统协同观看待产业高质量发展时，即在技术与制度存在相互作用的协同关系视角下，总体效应中包含了技术与制度两者的协同效应，为更加直观地表示技术与制度的协同效应，有必要对总体效应进行分解。为简化分析，根据式(2-1)和式(2-2)分别剥离出技术创新中制度的贡献与制度创新中技术的贡献，即设定

$$\ln T = \ln Tech - \alpha_3 Instit, \quad I = Instit - \beta_1 \ln Tech$$

代入式(2-5)可得：

$$\ln Y = \gamma_0 + \gamma_1 \ln K + \gamma_2 \ln L + \gamma_3 (\ln T + \alpha_3 Instit)$$
$$+ \gamma_4 (I + \beta_1 \ln Tech) + \gamma_5 \ln Infra + \upsilon \quad (2-6)$$

式(2-6)中省略下标 i 和 t。经过整理可知，对应前文技术与制度协同机制分析，$\alpha_3\gamma_3$ 项为"制度→技术"路径的协同效应；$\beta_1\gamma_4$ 项为"技术→制度"路径的协同效应。因而，技术创新与制度创新对产业升级的协同效应可依据式(2-7)进行测算。

$$Synergy = \alpha_3\gamma_3 + \beta_1\gamma_4 \quad (2-7)$$

2.2.2　变量选取

(1)技术创新变量。由于专利与创新活动联系紧密，且数据易于获得，因而受到学者的青睐。因此，本节使用专利数作为技术创新的衡量指标。

(2)制度创新变量。改革开放以来，我国经济制度演变的主要特征就是政府干预程度下降、建立市场化体制和完善产权制度。选取樊纲等(2011)其中相关指数并结合高技术产业的样本特征，本节从政府干预下降、市场发育和产权制度创新三个层面构造各地区高技术产业制度创新指数。具体指数选取与衡量说明见表2-1，为使不同分项指数之间可比，所有数据根据其与基期年份最大值和最小值的相对位置确定。其中，政府干预下降程度指数中各指标数值越大，表示政府

干预程度越低，对应制度创新程度越高。借鉴樊纲（2011）的做法，采用算术平均法设定指标权重。

表 2-1 　　　　　　　　　　各地区高技术产业制度创新指数的指标体系

方面指数	构成	指　　标	来源
政府干预下降程度	行政干预减少	行政审批手续方便简捷情况	中国市场化指数
	税收干预减少	1-利税总额/总产值	高技术产业年鉴
	资金干预减少	1-科技经费筹集额中政府资金/科技经费筹集额	
市场发育程度	地方保护减少	减少商品地方保护指数	中国市场化指数
	产品市场竞争	企业数	高技术产业年鉴
	资本市场	金融市场化程度指数	中国市场化指数
		引进外资程度指数	
	人才市场	劳动力流动性指数	
	技术市场	技术引进经费支出/研发经费内部支出	高技术产业年鉴
		购买国内技术经费支出/研发经费内部支出	
产权制度创新程度	知识产权保护	专利申请数/科技人员数	
		拥有发明专利数/科技人员数	
	产权结构	非国有经济发展指数	中国市场化指数
		科技经费筹集额中企业资金/科技经费筹集额	高技术产业年鉴

资料来源：作者整理。

（3）高技术产业总产出 Y_{it} 用总产值表示，劳动投入 L_{it} 用企业从业人员年平均人数表示，资本投入 K_{it} 采用永续盘存法计算，具体计算方法如下：

$$K_{it} = I_{it} + (1-\delta)K_{it-1} \qquad (2\text{-}8)$$

其中，I_{it} 为投资额，用固定资产价格指数进行平减；折旧率 δ 设定为 10%；基期资本存量由 $K_0 = I_0 / (g+\delta)$ 计算得到，g 为总产值年均增长率。

（4）其他解释变量。研发投入用研发经费内部支出表示；人均 GDP 用地区生产总值与地区总人口的比值表示；受教育水平用 6 岁以上人口的加权平均受教育年限表示；企业规模控制变量用高技术产业平均总产值（总产值/企业数）和高技术产业平均人员数(企业从业人员年平均人数/企业数)的平均值表示;企业盈利水平用利润率(利润总额/总产值)表示;基础设施水平用铁路与公路营运里程表示,具体计算参考樊纲等(2011)的做法,因铁路与公路的运输能力不同,将铁路里程乘以系数 14.7 与标准公路里程求和得到铁路与公路营运里程数。

2.2.3　数据处理与说明

　　本节采用高技术产业省级面板数据,鉴于西藏、青海和新疆的创新数据存在较大缺失,因而使用剔除以上三个地区的其他 28 个省级数据。其中,高技术产业工业总产值、新产品产值、研发经费内部支出、专利数、企业从业人员数、利润总额、企业数等数据来自历年《中国高技术产业统计年鉴》,测算地区受教育水平所需的人口教育年限统计数据来自历年《中国人口统计年鉴》和《中国人口与就业统计年鉴》,各地区生产总值和总人口以及各类价格指数均来自 Wind 数据库。样本区间为 2000—2010 年,因部分数据更新到 2008 年,缺失数据用趋势法补齐,相关数据用对应的价格指数进行平减处理。

　　图 2-1 报告了我国高技术产业制度创新指数及政府干预下降程度、市场发育程度和产权制度创新等分项省份平均值的趋势。其中,2000—2010 年我国高技术产业制度创新指数整体呈现上升趋势,从分项指数来看,政府干预程度指数在2000—2002 年以及 2007—2010 年出现明显下降趋势,表明受到经济危机的干扰,

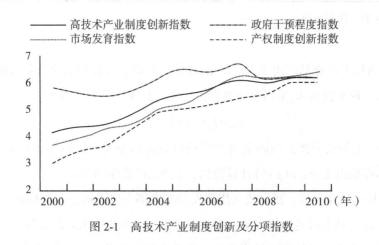

图 2-1　高技术产业制度创新及分项指数

这两个时期内政府对高技术产业的干预增加；市场发育指数和产权制度创新指数具有明显上升的趋势，说明市场在要素和产品价格形成中的作用变大，知识产权保护力度不断攀升，非国有经济占比越来越大。

2.3 技术创新与制度创新协同互动的效应检验

2.3.1 技术与制度的协同互动关系检验

为考察技术创新与制度创新的协同互动关系，在估计之前，首先对联立方程组中两个方程的识别问题进行判断。本章所构建的联立方程组中一共包含 2 个内生变量、4 个前定变量，通过阶条件进行判断，方程 1 和方程 2 所排斥的前定变量个数(6-4=2)大于该方程中所包含的内生解释变量个数(1)，上述两个方程都属于过度识别的情形，可得到唯一解。三阶段最小二乘法(3SLS)是最常用来估计联立方程模型的系统估计法，其基本思想是在对每个方程进行两阶段最小二乘(2sls)的基础上，依据方程系统扰动项的协方差矩阵，对整个方程系统进行 GLS 估计。本章采用 3SLS 进行回归估计，表 2-2 报告了技术创新与制度创新的协同互动关系实证结果。由表 2-2 可知，对模型的过度识别检验显示，接受工具变量外生的原假设。

表 2-2 联立方程模型估计结果

因变量	(1) lnTech	(2) Instit	(3) lnTech	(4) gov	(5) lnTech	(6) market	(7) lnTech	(8) property
L. lnTech	0.613 *** (13.8)		0.617 *** (14.51)		0.592 *** (13.24)		0.629 *** (13.57)	
Instit	0.169 *** (3.57)							
gov			0.191 *** (3.3)					

续表

因变量	(1) lnTech	(2) Instit	(3) lnTech	(4) gov	(5) lnTech	(6) market	(7) lnTech	(8) property
market					0.162 *** (3.55)			
property							0.142 *** (3.47)	
lnTech		0.286 *** (5.88)		0.199 *** (2.69)		0.428 *** (9.56)		0.227 *** (3.48)
edu		−0.877 *** (−9.03)		−0.690 *** (−4.85)		−1.182 *** (−13.11)		−0.779 *** (−5.9)
lnperGDP		2.579 *** (13.87)		2.234 *** (7.94)		2.663 *** (15.47)		2.870 *** (11.5)
lnRD	0.293 *** (6.0)		0.299 *** (5.53)		0.304 *** (6.42)		0.292 *** (6.1)	
size	−0.255 * (−1.86)	−0.303 * (−1.79)	−0.329 ** (−2.24)	0.065 (0.25)	−0.287 ** (−2.12)	−0.053 (−0.34)	−0.179 (−1.31)	−0.925 *** (−4.06)
prolevl	−0.3 (−0.27)	−6.07 *** (−4.20)	1.081 (0.87)	−12.451 *** (−5.67)	−0.304 (−0.28)	−5.682 *** (−4.25)	−1.296 (−1.17)	−0.136 (−0.07)
观测数	267	267	267	267	267	267	267	267
R^2	0.87	0.75	0.85	0.52	0.87	0.82	0.87	0.64
Hansen-Sargan	2.64	$p=0.27$	5.9	$p=0.05$	4.3	$p=0.11$	1.99	$p=0.37$

注：R^2 为第一阶段回归的决定系数；括号内为 t 值，***、** 和 * 分别表示在 1%、5% 和 10% 水平下显著，常数项未列出。

制度创新对技术创新的影响效应。由列(1)可知，制度创新指数与高技术产业技术创新之间具有显著正相关性，制度创新指数每提高 1 分，高技术产业创新产出将增加 0.169%。由各分项结果可知，政府干预下降程度对高技术产业创新绩效的影响显著为正，系数为 0.191，政府主要通过税收、资金以及行政审批等进行干预，政府对企业的税收和资金干预减少以及行政审批简单便捷，有利于提升技术创新绩效；市场发育程度的系数为 0.162，在 1% 水平上显著，表明市场化进程提高促进了我国高技术产业的创新绩效；产权制度创新对技术创新绩效具有显著正效应，其系数为 0.142，知识产权保护力度提升和产权结构变迁激发了企业技术创新动力，提升了技术创新绩效。比较可知，政府干预下降程度对提升高技术产业技术创新绩效的效果最明显。

技术创新对制度创新的影响效应。技术创新对制度创新具有显著正效应，技术创新产出每提高 1%，将促进制度创新指数提升 0.286 分，这表明企业通过研发形成新型技术平台和技术应用为新制度的形成提供了可能，且降低了新制度的实施成本，技术创新推动利益分配格局的改变也促使利益相关方寻求制度层面的创新，从而确保技术创新带来的潜在利润得以实现。第 4 列、第 6 列和第 8 列显示，高技术产业技术创新有利于促进政府干预程度下降，带动产品和要素市场的不断发育，并完善产权保护力度和推动产权结构的变迁。通过比较可知，技术创新对市场发育程度的作用效果最大（0.428），对产权制度的作用效果次之（0.227），对政府干预程度的作用效果最小（0.199）。

其他变量的影响效应。技术创新滞后项的影响一直显著为正，这说明技术与知识创新具有连续性；研发投入对高技术产业专利产出数具有显著的促进作用；受教育水平对制度创新指数提高的影响效应为负，表明人力资本对制度没有产生因果效应；经济发展水平与制度创新指数存在显著的正相关关系，良好的制度质量一般与较高的人均收入相匹配；企业规模对技术创新专利产出的影响为负，盈利水平对创新产出的效应不稳定且不显著。

上述实证结果表明，技术创新与制度创新存在相互影响、相互促进的协同关系，正是技术创新与制度创新之间相互促进、相互合作的互动关系形成了对产业升级协同效应的基础。

2.3.2 技术创新与制度创新的协同效应

在验证技术创新与制度创新存在协同互动关系后，进一步测算两者驱动产业升级的协同效应，采用高技术产业 2000—2010 年的省级面板数据对式（2-5）进行估计，结果列于表 2-3。运用 *VIF* 检验发现，不存在高于 10 的情况，可认为不存在严重的共线性问题。

表 2-3　　　　　　　**技术创新、制度创新与高质量发展**

	（1）	（2）	（3）	（4）
ln*k*	0.154***	0.206***	0.153***	0.173***
	（4.33）	（5.86）	（4.66）	（4.63）
ln*l*	0.688***	0.694***	0.708***	0.708***
	（12.84）	（12.42）	（13.47）	（13.14）
Instit	0.095***			
	（4.71）			
gov		0.014		
		（1.23）		
market			0.089***	
			（4.58）	
property				0.062***
				（3.97）
ln*Tech*	0.037**	0.052***	0.035**	0.034**
	（2.56）	（3.63）	（2.49）	（2.28）
ln*Infra*	0.317***	0.351***	0.270***	0.306***
	（5.52）	（5.70）	（4.67）	（5.48）
观测数	297	297	297	297
R^2	0.916	0.909	0.916	0.916
F	588.8	523.7	544.2	582.0

注：采用固定效应模型，异方差稳健型标准误，括号内为 *t* 值，***、** 和 * 分别表示在 1%、5% 和 10% 水平下显著，常数项未列出。

根据表 2-3 中列（1），资本投入、劳动投入以及基础设施的产出弹性分别为 0.154、0.688 和 0.317。制度创新指数的系数为 0.095，表明在保持要素投入不变时，制度创新指数每提高 1 分，将带动高技术产业总产出增加 0.095%，即制度创新有利于促进高技术产业生产效率提升；技术创新的系数为 0.037，这表明在保持资本和劳动投入以及制度质量不变时，高技术产业创新绩效每增加 1% 将促进总产出提升 0.037%，即技术创新有利于促进高技术产业生产率升级。正是基于制度创新与技术创新对全要素生产率的促进作用，以及技术创新与制度创新存在相互影响、相互促进、协作互动的动态关系，可确定技术创新与制度创新对高技术产业生产率升级具有协同效应。

为比较政府干预下降、市场发育以及产权制度创新对产业升级的贡献大小，依次将这三方面指数代替制度创新指数，政府干预程度下降对产业升级的影响系数很小且不显著，原因可能与政府对高技术产业发展的干预程度较高有关，政府对产业干预并没有明显的下降趋势，行政审批烦琐、政府税收干预及补贴分配错位都不利于高技术产业效率升级。市场发育程度的影响系数为 0.089，产权制度创新的影响系数为 0.062，且都在 1% 水平上显著，这表明市场发育和产权制度创新对高技术产业效率提升具有正效应。比较发现，市场发育对高技术产业效率升级的贡献效应最大，产权制度创新的贡献效应次之，而政府干预下降的效应最弱。根据式（2-7），测算出协同效应列于表 2-4，其中不显著的系数用 0 代替。

表 2-4　　　　　　**技术创新与制度创新驱动产业升级的协同效应**

制度变量	*Instit*	*gov*	*market*	*property*
纯制度效应	0.0678	0.0000	0.0509	0.0479
纯技术效应	0.0307	0.0421	0.0293	0.0292
技术→制度	0.0272	0.0000	0.0381	0.0141
制度→技术	0.0063	0.0099	0.0057	0.0048
协同效应	0.0334	0.0099	0.0438	0.0189

注：作者整理测算。

分离协同效应后发现，根据制度创新指数的结果，来源于技术创新、带动制度创新驱动高技术产业升级的协同效应为 0.0272，大于制度创新促进技术创新产生的协同效应，两者互动产生的总协同效应为 0.0334。从制度分项的协同效果来看，除政府干预下降程度外，其余各项中"技术→制度"路径协同效应大于"制度

→技术"路径协同效应。市场发育与技术创新产生的协同效应最大，产权制度创新与技术创新的协同效应次之，减少政府干预与技术创新的协同效应最小，如前文所述，这与高技术产业的政策干预程度较高有关。因而，通过提高行政审批的便捷性，优化政府资金补贴的投放结构，保持适当的资助规模，在一定程度上减少政府干预，发挥其与技术创新产生更大的协同效应理应成为未来产业创新政策与产业发展策略制定的重要内容。

稳健性检验。为避免因模型中内生性问题产生估计偏误，本节采用面板工具变量法进行估计，将制度创新和技术创新作为潜在内生解释变量，分别使用其滞后一期作为工具变量，限于篇幅，面板工具变量回归结果未列出。Cragg-Donald Wald 检验拒绝了弱工具变量的假设，表明工具变量设定合理。我们发现，使用面板工具变量回归克服内生性问题后，尽管政府干预下降程度在 10% 水平上显著，但其系数依然小于市场发育程度和产权制度创新的系数。与表 2-4 对应，测算考虑内生性问题后技术与制度的协同效应，结果见于表 2-5，本章主要结论并没有发生变化。

表 2-5　　　　　　　　考虑内生性问题后技术与制度的协同效应

制度变量	*Instit*	*gov*	*market*	*property*
纯制度效应	0.0992	0.0308	0.0492	0.0873
纯技术效应	0.1064	0.1391	0.1031	0.0935
技术→制度	0.0398	0.0076	0.0368	0.0257
制度→技术	0.0216	0.0329	0.0199	0.0155
协同效应	0.0614	0.0405	0.0567	0.0411

注：作者整理测算。

2.4　本章小结

本章从政府干预下降程度、市场发育程度和产权制度创新程度等角度构造制度创新指数，在分析技术创新与制度创新互动作用机制的基础上，运用联立方程模型实证考察了技术与制度的协同互动关系，进而测算两者互动对制造业高质量发展的协同效应。本章的主要结论如下：

（1）技术创新与政府干预下降、市场发育以及产权制度创新等存在显著的协同互动关系。一方面，政府干预程度下降、市场发育以及产权保护增强等制度创新显著提高了高技术产业的技术创新绩效，其中政府干预下降的促进作用最大；另一方面，高技术产业技术创新带动了政府干预减少、产品和要素市场发育以及产权制度创新，其技术创新对市场发育的贡献作用最大。

（2）技术创新与制度创新的互动对高技术产业生产率具有显著的协同效应。对协同效应分解发现，技术创新与制度创新对高技术产业生产率的协同效应为 0.0319。

（3）协同效应通过"技术→制度"路径和"制度→技术"路径产生，除政府干预下降与技术创新协同效应外，"技术→制度"路径协同效应大于"制度→技术"路径协同效应。

（4）制度创新分项中的市场发育与技术创新的协同效应最大，产权制度创新与技术创新的协同效应次之，政府干预下降与技术创新的协同效应最小。

第 **3** 章 | 破解中国制造业
"研发-生产率悖论"：
科技创新与人力资本协同路径

3.1 中国科技创新困境与"研发-生产率悖论"

高质量发展意味着以各种更加有效率且可持续的方式满足人民的需要(金碚,2018),因而,提升中国制造业全要素生产率,并且降低能源消耗和环境污染是实现实体经济高质量发展的关键和必然要求(贺晓宇和沈坤荣,2018;魏敏和李书昊,2018)。

对于如何驱动中国经济实现高质量发展,党的十八大提出实施创新驱动发展战略,即科技创新成为引领发展的第一动力。作为科技创新活动的重要标志,中国研发经费支出快速增长,统计数据显示,按可比价格计算,2000—2017年中国 R & D 经费内部支出年均增长率为 14.35%,2018 年 R&D 经费内部支出与GDP 之比为 2.18%。然而,与研发经费高速增长相悖的是,作为衡量经济高质量发展水平的全要素生产率不仅未能实现同样增长,其增速甚至出现了放缓的趋势。江飞涛等(2014)的实证测度发现,2003 年以后中国工业的全要素生产率年均增长率由 4.60%下降为 - 0.05%,TFP 增速放缓甚至停滞,黄群慧和贺俊(2015)认为生产率增速下降是中国制造业面临的严峻挑战。一些实证研究发现,科技创新投入的大规模增长并没有带来全要素生产率和经济增长质量的显著提升(唐未兵等,2014),甚至出现了"R & D 成倍增加—TFP 增速下降"的悖论现象(黄阳华和夏良科,2013)。叶祥松和刘敬(2018)研究发现,科学研究活动在短期内不会提高全要素生产率,技术开发活动则会抑制全要素生产率增长,并认为中国科技创新陷入了困境。

如何破解中国科技创新困境已经成为实施创新驱动发展战略和促进经济高质量发展面临的关键问题。已有一些研究从研发投入结构的角度探讨了中国科技创新陷入困境的原因,认为中国基础研究投入比例过低导致对全要素生产率的提升效应不佳(李宾,2010),特别是随着中国逐步缩小与世界技术前沿的差距,缺乏基础科学研究领域的重大突破将严重阻碍应用研究的实质性进展。孙早和许薛璐(2017)发现,基础研究投入增长将扭转应用研究投入对工业全要素生产率的抑制作用。另有一些研究认为,由于中国处于制度转型时期,研发系统与生产系统的长期制度性分割导致科技创新投入的生产率效应不明显(陈刚,2010),制度创新能力建设对科技创新提升经济发展质量的效果至关重要(刘思明等，2019)。

尽管研发投入结构、创新制度及体制不合理在一定程度上是导致中国科技创新困境的原因，但现有研究忽略了中国人力资本与科技创新协同发展对缓解科技创新困境、提升经济发展质量的作用。特别是，随着中国创新型国家建设和创新驱动发展战略的实施，科技创新投入强度已经高于欧盟 28 个国家的平均水平，但作为人力资本结构重要标志的就业人员中研发人员比例仍不足欧盟和 OECD 国家的 1/3，说明了中国研发人力资本严重落后和偏离于科技创新投资的现状，这可能是导致中国科技创新陷入困境和出现"研发-生产率悖论"的另一个原因。

基于上述理论与现实背景，本章试图探讨要素协同发展的生产率增长效应，并回答如下三个问题：(1)科技创新和人力资本协同发展能否促进作为制造业高质量发展重要指标的全要素生产率实现增长？(2)人力资本是否决定和支配着科技创新对全要素生产率呈现非线性效应？(3)不同行业中科技创新与人力资本协同发展的生产率增长效应是否存在差别？对这些问题的研究不仅有助于从另一个层面解释中国科技创新陷入困境、存在"研发-生产率悖论"的原因，而且对促进制造业实现高质量发展具有重要的现实意义。鉴于此，本章运用协同理论的思想，分析了人力资本与科技创新的协同作用机理，并提出相关研究假设，实证检验了人力资本与科技创新协同发展对制造业全要素生产率的影响。

3.2 科技创新与人力资本协同作用机理

3.2.1 科技创新与人力资本的协同互动作用

协同理论认为，复杂系统中子系统的相互作用和协作能在宏观尺度上形成有序结构(郭治安等，1988)，协同效应是指复杂系统中子系统相互作用而产生"1+1>2"的非线性效应，即整体效应大于各子系统单独作用之和。系统之所以能在宏观尺度上形成有序结构，关键在于子系统之间的相互作用。若没有或者忽略这种相互的协同作用，任何单一子系统的独立作用都不足以推动系统的有序演化。对于制造业发展系统而言，系统从无序向有序演化意味着制造业转向高质量发展，科技创新与人力资本是制造业发展系统内的两个子系统，制造业系统的高质量发展依赖科技创新子系统与人力资本子系统的相互作用。

科技创新对制造业生产率的促进效应受到人力资本发展的影响。首先，科技创新是在掌握前期科学知识与技术的基础上实现的，研发人力资本作为科学知识的载体和应用主体(王开国和宗兆昌，1999)，是新思想和新技术的主要来源。高级人力资本具有较高的学习能力和研发能力，丰富的人力资本提高了科技创新的成功概率，并且可以提升潜在创新成果的科技含量与新颖程度，从而有助于发挥研发创新投资对全要素生产率的促进效应。Delgado-Verde(2016)基于西班牙251家大中型高技术制造企业的样本数据研究发现，人力资本与标志着较高科技含量和新颖性的企业突破性创新之间存在线性正向关系，即人力资本中蕴含的科学知识更加丰富，则转换为科技创新成果的技术含量越高，而技术含量高的创新成果对提升制造业生产效率具有更大的贡献。其次，研发人力资本发展促进了研发资本投资要素的配置效率(石军伟和姜倩倩，2018)，人力资本匹配性提高了研发创新投资的回报与收益。在研发投资快速增长的背景下，人力资本的积累有助于减缓研发投资的过度配置程度，提升研发资本配置效率，并且人力资本积累及其有效配置可以提升单位研发投资的边际产出。李静、楠玉和刘霞辉(2017)将研发人力资本占比与研发投资强度作为人力资本匹配性的指标，发现人力资本匹配与以专利申请授权数衡量的创新回报呈现"正 U 形"关系：人力资本匹配性跨越一定水平值，将显著提升创新专利产出绩效。Igna & Venturini(2018)基于 16 个 OECD 国家 13 个制造业行业 2003—2011 年的面板数据研究发现，研发人员的教育不匹配导致了研发投资的专利回报率降低了 10%~15%。最后，人力资本积累可以促进科技创新成果的扩散和应用，Nelson & Phelps(1966)认为受教育水平越高的管理人员更有可能引入新的生产技术。Che & Zhang(2017)研究发现，始于 20 世纪 90 年代末期中国大学扩招带来的人力资本增加促进企业采用新技术，从而提高了企业生产率，此外研发人员可以解决新技术成果应用中的难题，即人力资本有助于加速技术扩散，从而提升科技创新活动对制造业全要素生产率的促进作用。

人力资本对制造业全要素生产率的促进效应受到科技创新的影响。首先，研发创新活动具有两面性，科技创新与研发活动不仅能提高企业的创新能力，而且还可以提升企业的吸收能力(Cohen & Levinthal，1989)，这种吸收能力主要是由企业中的研发人员掌握并体现为人力资本。具体来说，参与科技创新的人员在不断的科学实验与生产实践中逐步积累起对特定技术及其应用场景的技能和知识，这种在"干中学"积累的技能与知识往往具有较强的专用性。由于专用性人力资本中蕴含着较多的隐性知识，难以复制和扩散转移，更利于形成核心技术优势和能力(姜雨和沈志渔，2012)，从而提升人力资本对制造业生产率的促进作用。其次，科技创新经验是除接受教育外企业员工积累人力资本的一种非正规途径，企业科技创新水平影响了人力资本积累的速度和上限。研发创新活动生产出的知识信息可以转化为员工的知识，人力资本载体会在科技创新的过程之中不断提升自身的人力资本水平(张伟和周耀东，2016)。从事较高层次科技创新活动的企业，研发人员和工人的技能进步较快，而从事较低层次科技创新活动的企业中员工技能积累速度较慢且面临上限。再次，科技创新会产生"创造性破坏"，导致对人力资本的需求结构变化，从而扩大了不同技能和人力资本水平劳动者之间的收入差距，刺激和诱发人们选择接受教育或者培训等方式进行人力资本投资(姜雨和沈志渔，2012)。科技创新导致的技术进步将减少对特定知识和技能劳动的需求，导致这些劳动者工资降低甚至造成失业。劳动者之间收入差距的存在将对人力资本积累产生刺激效应。最后，人力资本是具有主动性和能动性的生产要素，人力资本作用效果受到企业科技创新氛围的影响和激励，而激励是提升人力资本利用效率的有效途径(王开国和宗兆昌，1999)。在科技创新氛围浓厚的环境中，人力资本的潜在作用更容易被激发出来。因此，科技创新影响了人力资本对制造业全要素生产率增长的促进作用。

由上述分析可知，在制造业发展系统内，科技创新子系统与人力资本子系统存在相互影响和相互作用，两者中任何一方推动制造业系统向有序演化的作用力均受到另一方的影响。科技创新与人力资本协同互动作用是形成和产生对制造业全要素生产率增长协同效应的基础。

3.2.2　人力资本的序参量支配作用

协同理论主要运用序参量及其支配原理描述系统的协同机制。序参量是子系统之间相互作用与协作的结果，是系统相变前后发生质的变化的突出标志。由于子系统相互作用和协作产生的序参量又起到役使或者支配其他子系统的作用，从而主宰整个系统的发展演化过程(吴彤，2001)，这就是支配原理。当系统靠近临界点处时，描述系统运动状态的众多参量之间的均势地位便不再存在。根据在临界点处的变化，可以将这些参量分为两类：一类是数量众多、变化迅速，且对系统演化的过程不产生明显影响或者影响很小的快变量；另一类是数目只有一个或者少数几个、变化缓慢，且左右着系统演化的慢变量。其中，那些数目极少的慢变量役使或者支配着数目众多的快变量，快变量的变化伺服于慢变量。慢变量，同时也是标志系统走向何处的序参量，影响和支配着快变量的作用，并主宰着整个系统的演化进程(郭治安等，1988)。

具体对制造业发展系统中科技创新和人力资本子系统而言，随着经济逐步达到从高速增长转向高质量发展的临界点，科技创新子系统和人力资本子系统将失去均势地位。图3-1形象地描绘了近年来中国、欧盟28国以及OECD国家R&D经费占GDP比重与每千人就业人员中研究人员数的情况。

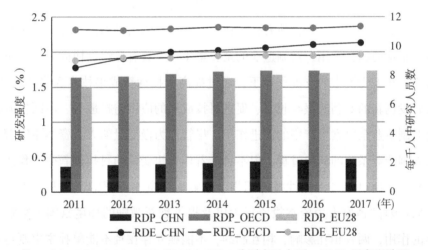

注：RDP_CHN、RDP_OECD和RDP_EU28分别表示中国、OECD国家和欧盟28国每千人就业人员中研究人员数；RDE_CHN、RDE_OECD和RDE_EU28分别表示中国、OECD国家和欧盟28国R&D经费占GDP的比重。

图3-1　R&D经费占GDP比重和每千人就业人员中研究人员数

资料来源：根据OECD统计数据(https：//stats.oecd.org/#)绘制。

从图3-1中科技创新和人力资本子系统的发展变化来看，一方面，科技创新子系统的变化速度很快，按可比价格计算，2000—2015年中国R&D经费内部

支出年均增长率高达 15.94%，R & D 经费支出与 GDP 之比自 2013 年超过欧盟
28 国的平均水平，2018 年这一比例达到 2.18%，并逐步逼近 OECD 国家的平均
水平；另一方面，中国制造业生产率增速放缓，研发投入高增长并未提升全要素
生产率(黄阳华和夏良科，2013)，存在"研发-生产率悖论"(张同斌等，2015)，
科技创新投资对制造业系统向高质量发展演化没有产生明显影响。相较于科技创
新投资的迅速增长，人力资本特别是研发人力资本发展十分缓慢，2017 年中国
平均每千人就业人员中研究人员仅有 2.24 人，同期欧盟 28 国每千人就业人员中
研究人员为 8.3 人，中国人力资本发展严重落后，不足欧盟 28 国平均水平的
1/3。因此可以推测，在现阶段的制造业由高速增长阶段向高质量发展阶段转变
的临界点，科技创新是制造业系统演化中的快变量，而人力资本则是慢变量。

　　根据协同学理论的绝热消去思想，通过忽略变化较快的科技创新的微弱作
用，本书认为作为慢变量的人力资本是决定制造业系统高质量发展的序参量。人
力资本子系统支配着或者役使着作为快变量的科技创新子系统，并且通过与科技
创新子系统的相互作用，对制造业的全要素生产率具有非线性协同效应。正如前
文分析，在人力资本的支配作用下，通过提高科技创新成果技术含量和新颖性、
扩大研发创新的专利回报与收益、促进科技成果的应用与扩散等，不断提升科技
创新对制造业全要素生产率的促进作用。尽管作为慢变量的人力资本主宰着或者
支配着制造业系统的演化过程，但不意味着作为快变量的科技创新毫无作用，科
技创新可以通过促进专用性技能积累、影响人力资本积累的速度和上限，通过
"创造性破坏"诱发人力资本投资行为以及提供创新激励的环境氛围等影响人力
资本的作用，两者相互影响、相互制约，不能独立存在且不能单独主宰制造业系
统高质量演化。综合上述分析，本章提出如下研究假设：

　　假设 3-1：科技创新与人力资本对制造业全要素生产率增长存在相互影响和
相互作用的正向协同效应，即科技创新与人力资本的协同发展，有利于促进制造
业全要素生产率增长。

　　假设 3-2：在人力资本的支配作用下，科技创新对制造业全要素生产率呈现
非线性协同效应，即随着人力资本水平的逐渐提高，科技创新对制造业全要生产
率具有逐渐增大的促进作用。

3.3 计量模型构建、变量与数据

3.3.1 计量模型的构建

为了准确地检验科技创新和人力资本对中国制造业全要素生产率增长的促进效应，本节构建如下计量经济模型：

$$gtfp_{it} = \beta_0 + \beta_1 innov_{it} + \beta_2 hc_{it} + \gamma X + \lambda_i + \mu_t + \varepsilon_{it} \qquad (3\text{-}1)$$

其中，$gtfp_{it}$ 表示中国制造业全要素生产率，采用同时考虑价值增值效率、能源消耗与污染排放的全局 DEA-Malmquist-Luenberger 指数作为衡量指标；$innov_{it}$ 表示制造业科技创新活动，采用研发资本存量作为测度指标；hc_{it} 表示人力资本，用就业人员中研发人员的比例衡量；X 是影响中国制造业全要素生产率的其他因素，包括所有制结构变迁（刘伟和李绍荣，2001；涂正革和肖耿，2005）、外商直接投资（黄凌云和鲍怡，2009）以及资本深化（涂正革和肖耿，2006）等；i 和 t 分别是行业和时间；λ_i 表示行业个体效应，μ_t 表示时间效应；ε_{it} 表示扰动项。

为了进一步考察科技创新与人力资本协同对制造业全要素生产率增长的促进效应，在式(3-1)的基础上引入科技创新与人力资本的交乘项，建立如下模型：

$$gtfp_{it} = \beta_0 + \beta_1 innov_{it} + \beta_2 hc_{it} + \beta_3 innov_{it} * hc_{it} + \gamma X + \lambda_i + \mu_t + \varepsilon_{it} \qquad (3\text{-}2)$$

根据协同理论的思想，子系统之间的相互作用和协作在宏观尺度上形成了新的有序结构，协同效应就是子系统之间相互作用、相互影响而对系统功能和结构产生的整体效应。对应制造业发展系统内部，科技创新子系统与人力资本子系统之间的相互影响、相互作用，最终可以决定制造业系统的功能与结构升级，即促进制造业转向高质量发展。从式(3-2)来看，一方面，科技创新对制造业全要素生产率的影响系数由 $\beta_1 + \beta_3 hc_{it}$ 决定，即人力资本影响了制造业全要素生产率增长中科技创新的贡献作用；另一方面，人力资本对制造业全要素生产率的影响系数由 $\beta_2 + \beta_3 innov_{it}$ 决定，即科技创新影响了人力资本对制造业全要素生产率增长的贡献。因此，交乘项 $innov_{it} * hc_{it}$ 可以捕捉科技创新与人力资本的相互影响作用，如果其系数 β_3 的估计值显著为正，则表明科技创新与人力资本对提升制造业全要素生产率具有协同效应。

3.3.2 变量选取与测度

（1）制造业全要素生产率（$gtfp$）。为了避免多指标综合法在指标体系选择上的主观性，以及全球价值链分工与互联网信息技术与制造业融合等新兴经济现象的影响，本书将同时考虑价值增值、能源消费和工业污染排放的全要素生产率来表示制造业高质量发展水平，这一指标不仅可反映生产制造环节的价值创造效率，且考虑了工业生产的环境约束因素，即通过减少能源消费或者减少废气、废水和固体废物排放的方式提高环境效率。王昀和孙晓华（2017）同样认为单纯以价值增殖程度评价工业升级比较片面，节约能源消耗和减少污染排放也是工业高质量发展的重要内涵。采用基于方向性距离函数的 DEA Global Malmquist-Luenberger 指数法测算全要素生产率，并将其转换为以 2009 年为基期的累积变化率。投入和产出指标的选择如下：

制造业产出分为"好"产出和"坏"产出。工业增加值作为反映价值增值程度的指标，是一种"好"产出。从已有的统计文献资料来看，国家统计局不再公布2008 年及以后年份细分行业的工业增加值数据。本书利用 2007 年制造业细分行业工业增加值占主营业务收入的比例，估算出 2008 年及后续年份细分行业工业增加值数据。制造业"坏"产出主要是工业污染排放，包括废气排放、废水排放和工业固体废物排放。

制造业投入包括资本投入、劳动投入和能源投入三种。资本投入方面，采用固定资产净值作为制造业资本存量的代理指标；劳动投入方面，采用全部从业人员平均人数作为劳动投入的衡量指标，因统计资料中缺失 2012 年的数据，将2011 年和 2013 年的平均值作为 2012 年从业人员平均人数；采用能源消费总量表示制造业能源投入。

（2）科技创新。Soete et al.（2010）认为创新的来源包括研发创新活动和非研发创新活动，其中非研发创新主要是指技术引进与购买机器设备等。在此基础上，本书进一步将制造业企业的科技创新活动分为自主创新、合作创新以及非研发创新，分别是指制造企业内部研发活动，与大学、科研机构等外部组织的合作研发活动，技术引进、消化吸收、技术改造以及购买国内技术等活动。本书采用永续盘存法测算的内部研发资本存量作为自主科技创新活动的衡量指标，具体计算式如下：

$$K_t = (1-\delta)K_{t-1} + RDI_t \qquad (3\text{-}3)$$

$$K_0 = RDI_1 / (g+\delta) \qquad (3\text{-}4)$$

其中，K_t 和 K_{t-1} 分别表示 t 和 $t-1$ 期的研发资本存量，RDI_t 表示 t 期研发经费内支出；δ 为折旧率，参考 Hall & Mairesse（1995）的做法，设定为 15%；g 为研发经费内部支出的增长率，由样本期内对应研发经费内部支出的实际增长率表示。合作研发创新和非研发创新同样运用永续盘存法进行测算。

（3）人力资本。Schultz（1961）认为人力资源包含"量"和"质"两个层面，前者指的是劳动力数量，后者是劳动力的质量，即人力资本。以往的文献通常使用入学率（Bils & Klenow，2000）、人均受教育年限（Benhabib & Spiegel，1994）作为人力资本的衡量指标，然而在制造业行业层面难以获取员工受教育年限的统计数据，这里使用行业从业人员中研发人员的比例作为人力资本的代理指标。一般来讲，研发人员通常是受过高等教育并且具备专业知识的高级人才，研发人员占比可以较好地衡量从初始劳动向高素质人才过渡的人力资本结构高级化程度。

（4）产权结构变迁。刘伟和李绍荣（2001）认为，改革开放以来中国制度变迁的重要特征之一是国有制经济比重下降而非国有经济比重上升，这一产权结构变迁影响了要素的生产效率。本书将产权结构变迁作为控制变量纳入计量模型，采用国家资本占制造业细分行业实收资本的比例作为其衡量指标。

（5）外商直接投资。外资参与程度不断提高是改革开放以来中国经济的另一项重要特征，外商直接投资可以通过示范效应、竞争效应以及人员流动效应对东道国企业产生溢出效应（Bitzer & Kerekes，2008；黄凌云和鲍怡，2009）。这里采用制造业细分行业实收资本中港澳台资本和外商资本之和作为外商直接投资的衡量指标。

（6）资本深化。借鉴涂正革和肖耿（2006）的做法，采用制造业细分行业固定资产净值与就业人员平均人数的比值作为资本深化程度的衡量指标。

3.3.3 数据处理与来源

表3-1描述了各个变量的符号、指标及数据来源。本章使用2009—2015年制造业细分行业面板数据作为分析样本。因国家统计局于2011年公布了新的《国民

经济行业分类》(GB/T4754—2011)，导致 2011 年前后一些行业的统计口径发生了变化。通过比较行业分类标准变化前后两位数行业的统计内容后，将统计口径产生变动的行业进行合并，从而保证数据序列的准确性，最终合并和保留了 26 个细分行业。具体合并方法为：将"纺织服装、鞋、帽制造业"和"皮革、毛皮、羽毛(绒)及其制品业"合并为"纺织服装和皮革等制品业"，将"文教体育用品制造业"和"工艺品及其他制造业"合并为"文教体美娱乐和其他制造业"，将"橡胶制品业"和"塑料制品业"合并为"橡胶和塑料制品业"，将"汽车制造业"和"铁路、船舶、航空航天和其他运输设备制造业"合并为"交通运输设备制造业"。

表 3-1 　　　　　　　　　　变量符号、含义及数据来源

符号	变量名称	指　　标	原始数据来源
y	制造业产出	工业增加值	《中国工业经济统计年鉴》
$b1$	废气排放	工业废气排放总量	《中国环境统计年鉴》
$b2$	废水排放	工业废水排放总量	《中国环境统计年鉴》
$b3$	固体废物排放	工业固体废物排放量	《中国环境统计年鉴》
k	资本投入	固定资产净值	《中国工业经济统计年鉴》
l	劳动投入	从业人员平均人数	《中国工业经济统计年鉴》
e	能源投入	能源消费总量	《中国能源统计年鉴》
$gtfp$	全要素生产率	累计的 DEA-GML 指数	运用 MaxDEA 软件测算
lninrd	自主创新	研发经费内部支出资本存量	《工业企业科技活动统计年鉴》
lnextrd	合作创新	研发经费外部支出资本存量	《工业企业科技活动统计年鉴》
lnnonrd	非研发创新	技术引进、消化吸收、技术改造与购买国内技术资本存量	《工业企业科技活动统计年鉴》
hc	人力资本	从业人员中研发人员占比	《工业企业科技活动统计年鉴》
soe	产权结构变迁	实收资本中国家资本占比	《中国工业经济统计年鉴》
lnfdi	外商直接投资	港澳台资本与外商资本之和	《中国工业经济统计年鉴》
lnkl	资本深化	固定资产净值与从业人员之比	《中国工业经济统计年鉴》

资料来源：作者整理。

　　为了消除不同年份之间价格波动的影响，将工业增加值、固定资产净值、研发经费内部支出、研发经费外部支出以及技术引进、消化吸收、技术改造、购买国内技术经费支出等平减为 2009 年为基期的不变价格数据序列。计算中需要的工业品出产价格指数、固定资产投资价格指数以及消费价格指数均来自《中国统计年鉴》，其中研发价格指数借鉴朱平芳和徐伟民（2003）的做法赋予固定资产投资价格指数和消费价格指数权重进行构建。除人力资本和产权结构变迁两个相对指标外，其他变量均取自然对数，这有助于降低实证回归结果中存在异方差的可能性。

　　表3-2 汇报了主要变量的描述性统计结果。从表3-2 的制造业三种科技创新活动可知，内部自主研发活动的均值为10.223，稍微高于技术引进、消化吸收等非研发创新活动（10.069），相对而言，产学研合作创新的均值最小，仅为7.065，表明中国制造业对自主研发创新活动和非研发创新活动投资较多，但对合作研发创新的投资较少，产学研合作程度较低。

表 3-2　　　　　　　　　　　　主要变量的描述性统计

变量	样本量	均值	标准差	最小值	中位数	最大值
$gtfp$	182	1.164	0.229	0.583	1.1	1.958
$\ln inrd$	182	10.223	1.406	6.682	10.246	13.102
$\ln extrd$	182	7.065	1.606	2.92	7.127	10.764
$\ln nonrd$	182	10.069	1.366	5.9	10.134	12.788
hc	182	0.028	0.02	0.002	0.022	0.088
soe	182	0.102	0.098	0	0.074	0.478
$\ln fdi$	180	1.744	1.415	−5.303	1.912	4.366
$\ln kl$	182	2.96	0.671	1.22	2.883	4.629

资料来源：利用 STATA 软件计算。

3.4　科技创新与人力资本协同效应的实证分析

3.4.1　面板数据的平稳性检验

本章采用制造业行业面板数据进行计量检验，由于面板数据中包含时间成分，为了防止"伪回归"问题的出现，在回归分析之前需要对各个变量的平稳性进行检验。这里采用 LLC 和 IPS 两种面板单位根检验方法，检验结果列于表 3-3。从 LLC 和 IPS 检验结果来看，所有变量均在 1%水平上拒绝了数据序列存在单位根的原假设，表明回归分析中的变量是平稳的。实际上，本章数据结构属于大 N 小 T 形面板数据，时间成分较短，存在单位根的可能性不大。上述检验结果说明，可以通过回归分析探讨科技创新、人力资本与制造业全要素生产率之间的均衡关系。

表 3-3　　　　　　　　　　变量的平稳性检验结果

变量	LLC 检验		IPS 检验			结果
	adjusted t	P-value	t-bar	W[t-bar]	P-value	
$gtfp$	−25.65	0.00	−12.53	−43.82	0.00	平稳
$\ln inrd$	−25.62	0.00	−176.56	−737.70	0.00	平稳
$\ln extrd$	−26.85	0.00	−12.63	−44.21	0.00	平稳
$\ln nonrd$	−54.26	0.00	−26.17	−101.52	0.00	平稳
hc	−37.49	0.00	−4.16	−8.42	0.00	平稳
soe	−17.51	0.00	−22.87	−87.54	0.00	平稳
$\ln fdi$	−47.07	0.00	−6.84	−19.36	0.00	平稳
$\ln kl$	−140.00	0.00	−8.15	−25.27	0.00	平稳

资料来源：利用 STATA 软件计算。

3.4.2 自主研发创新与人力资本协同的作用

面板数据模型中可能存在序列相关、异方差以及截面相关等问题，为了避免这些问题对系数统计推断结果的不利影响，采用 Driscoll & Kraay(1998)的方法综合考虑自相关、异方差和截面相关等问题对系数标准误进行稳健型调整。鉴于样本区间内面临国际金融危机余波、一揽子计划(又被称为"四万亿投资计划")、党的十八大提出"绿色化"关于生态环境的新论断以及十八届五中全会提出绿色发展理念等，这些宏观环境和政策变化会影响中国制造业的全要素生产率。为了捕捉这些宏观政策环境的影响，在模型中加入表示年份的时间虚拟变量。此外，通过在模型中逐步加入变量的方法，比较新变量加入前后其他变量估计系数的变化，有助于得到各变量真实可靠的影响。基于此，采用双向固定效应模型进行估计，自主研发创新与人力资本影响制造业全要素生产率的估计结果列于表 3-4。

表 3-4 中给出了双向固定效应的回归结果，其中 F 检验在 1%水平上拒绝了原假设，表明个体效应十分显著，固定效应模型的拟合结果优于混合效应模型。第(1)~(4)列回归模型中 Hausman 检验在 1%水平上显著，这表明固定效应模型优于随机效应模型。

表 3-4　自主研发创新与人力资本协同对制造业全要素生产率的影响

$gtfp$	(1) FE	(2) FE	(3) FE	(4) FE	(5) FE
hc	0.736* (0.392)	−29.408*** (8.514)	−29.323*** (7.686)	−28.572*** (6.867)	−28.173*** (6.496)
$lninrd$	−0.025 (0.039)	0.077** (0.029)	0.027 (0.038)	0.011 (0.040)	0.026 (0.036)
$lninrd*hc$		2.420*** (0.686)	2.385*** (0.626)	2.305*** (0.565)	2.284*** (0.542)
soe			−0.701*** (0.131)	−0.650*** (0.121)	−0.652*** (0.121)

续表

gtfp	(1)	(2)	(3)	(4)	(5)
	FE	FE	FE	FE	FE
ln*fdi*				0.041 *	0.041 *
				(0.021)	(0.022)
ln*kl*					−0.059
					(0.101)
常数项	1.577 ***	0.544 *	1.188 **	1.291 ***	1.310 ***
	(0.435)	(0.312)	(0.430)	(0.453)	(0.463)
时间效应	是	是	是	是	是
N	156	156	156	155	155
R^2	0.5325	0.5562	0.5708	0.5743	0.5746
F	25.948	57.107	26.012	32.241	114.274

注：括号内为 Driscoll & Kraay 稳健标准误，* 、** 和 *** 分别表示 $p<0.1$，$p<0.05$ 和 $p<0.01$。

第(1)列是仅将科技创新中自主研发和人力资本作为解释变量进行回归所得，其中人力资本(*hc*)的估计系数为 0.736，但仅在 10% 的置信水平上显著，这表明人力资本对制造业全要素生产率具有较弱的正效应，即以高素质研发人力占比表示人力资本水平在一定程度上可以提升中国制造业的全要素生产率；科技创新中自主研发活动(ln*inrd*)的估计系数为−0.025，但不具有统计显著性，这表明自主研发活动没有发挥对制造业全要素生产率的提升作用。这一结果与张海洋(2005)、李小平等(2006；2008)、李宾(2010)、唐未兵等(2014)以及叶祥松和刘敬(2018)的研究结果类似，这证实了中国科技创新陷入困境(叶祥松和刘敬，2018)，即中国高速增长的研发投入没有提升全要素生产率(赵玉林和谷军健，2017)，一些学者把这种现象称为"研发生产率悖论"(张同斌等，2015)。上述结果表明，在忽略人力资本与研发创新相互作用时，自主研发创新不能单独显著推动制造业向高质量发展演化。

第(2)列模型中加入了自主研发创新与人力资本的交乘项(ln*inrd* * *hc*)，两者交乘项的估计系数为 2.42，在 1% 水平上显著，且自主研发创新的估计系数在 5% 水平上显著为正。由此可知，自主研发创新对制造业全要素生产率的边际影响为 $0.077+2.42*hc$，这表明自主研发创新对全要素生产率的促进效应受到人力资本的影响，即随着人力资本水平的逐步提高，科技创新对制造业全要素生产率的促进效应逐步增加；人力资本的估计系数变为 -29.408，但其对制造业全要素生产率的边际影响为 $-29.408+2.42*\ln inrd$，这同样说明人力资本对制造业全要素生产率的促进效应受到自主研发创新的影响。因此，自主研发创新与人力资本的相互影响与相互作用形成和产生了对制造业全要素生产率增长的协同效应。实现人力资本与自主研发创新的协同发展，有助于自主研发创新发挥对制造业全要素生产率更大的促进效应，从而破解中国科技创新面临的困境和"研发-生产率悖论"。

为了避免遗漏重要解释变量对第(2)列结果的干扰，第(3)～(5)列逐步在模型中引入产权结构变迁、外商直接投资以及资本深化等已有文献中发现影响全要素生产率的重要变量。第(3)～(5)列的估计结果显示，自主研发活动与人力资本的交乘项估计系数依然为正，其估计值稳定在 2.3 左右，且均在 1% 的置信水平上显著，这进一步印证了第(2)列的结果，即自主研发活动与人力资本的协同发展，有助于发挥自主研发创新对制造业全要素生产率的促进效应，从而破解中国科技创新困境。产权结构变迁(soe)的估计系数为负，且在 1% 水平上显著，表明国有资本占比增加不利于提升制造业全要素生产率，因而以国有资本比例下降、非国有经济占比上升为特征的产权结构变迁促进了中国制造业高质量发展。第(4)～(5)列中，外商直接投资($\ln fdi$)的估计系数为 0.041，并且在 10% 的置信水平上显著，表明外商直接投资对制造业全要素生产率具有正向影响，有助于提升中国制造业高质量发展水平。最后，第(5)列中资本深化($\ln kl$)的估计系数不具有显著性，即资本深化并没有促进制造业全要素生产率。

3.4.3 合作研发创新与人力资本协同的作用

除自主研发创新外，合作研发创新和非研发创新也是制造业科技创新的重要方式。本章试图进一步考察合作研发创新、非研发创新与人力资本协同对制造业全要素生产率的影响，采用与表 3-4 相同的方法进行估计，结果列于表 3-5。

表3-5 合作研发创新和非研发创新与人力资本对全要素生产率的影响

gtfp	(1) FE	(2) FE	(3) FE	(4) FE	(5) FE	(6) FE
hc	0.800**	−14.389***	−16.808***	0.613*	−34.117***	−39.554***
	(0.360)	(2.737)	(2.597)	(0.321)	(5.704)	(4.006)
lnextrd	−0.027	−0.007	−0.040			
	(0.050)	(0.040)	(0.040)			
lnextrd * hc		1.589***	1.783***			
		(0.280)	(0.259)			
lnnonrd				−0.162**	−0.092***	−0.083***
				(0.073)	(0.029)	(0.014)
lnnonrd * hc					3.070***	3.488***
					(0.507)	(0.364)
soe			−0.683***			−0.674***
			(0.113)			(0.150)
lnfdi			0.042*			0.029*
			(0.023)			(0.017)
lnkl			−0.007			0.057
			(0.112)			(0.087)
常数项	1.508***	1.430***	1.737***	3.007***	2.332***	2.096***
	(0.388)	(0.316)	(0.302)	(0.757)	(0.307)	(0.310)
时间效应	是	是	是	是	是	是
N	156	156	155	156	156	155
R^2	0.5328	0.5477	0.5713	0.5412	0.5740	0.5978
F	25.377	23.102	32.466	2.923	13.050	3284.052

注：括号内为 Driscoll & Kraay 稳健标准误，*、** 和 *** 分别表示 $p<0.1$，$p<0.05$ 和 $p<0.01$。

其中，第(1)~(3)列是合作研发创新与人力资本协同影响制造业全要素生产率的估计结果。

表3-5第(1)列是仅包含人力资本与合作研发创新的回归结果，人力资本变量的估计系数为0.8，在5%置信水平上显著，表明从初始劳动向高素质研发人才转变的人力资本积累过程有利于提升制造业全要素生产率；合作研发创新的系数为−0.027，但不具有统计显著性，这意味着合作研发创新没有促进制造业全要素生产率。以往文献发现中国科技创新的困境主要针对内部研发创新活动（张海洋，2005；李小平等，2008），而本章的实证结果表明，产学研合作研发活动面临同样的科技创新困境，产学研合作创新对制造业全要素生产率的影响不显著，即中国制造业表现出"研发-生产率悖论"。第(2)列进一步纳入合作研发创新与人力资本的交乘项，两者交乘项的估计系数为1.589，加入交乘项后人力资本变量的系数变为−14.389，且两者均在1%置信水平上显著，但这不能说明人力资本不利于全要素生产率增长。实际上，人力资本的边际影响为 $-14.389 + 1.589 *$ $\mathrm{ln} extrd$，即人力资本对制造业全要素生产率的促进效应受到合作研发创新的影响；同样地，合作研发创新的直接影响系数依然不显著，其对制造业全要素生产率的边际影响为 $1.589 * hc$，这表明人力资本积累扩大了制造业合作研发创新对制造业全要素生产率的促进效应。上述结果说明合作研发创新与人力资本高级化存在相互影响的关系，两者协同提升了制造业全要素生产率。换言之，促进人力资本与合作研发创新的协同发展，有助于缓和"研发-生产率悖论"，并破解合作研发创新面临的困境。

3.4.4 非研发创新与人力资本协同的作用

表3-5第(4)~(6)列是非研发创新与人力资本协同效应的估计结果。第(4)列考察了技术引进、消化吸收以及技术改造等非研发创新与人力资本的影响，其中人力资本的系数依然为正，且在10%水平上显著，这再次表明人力资本对制造业全要素生产率具有显著促进作用；非研发创新活动的估计系数为−0.162，且在5%置信水平上显著，表明技术引进、消化、吸收和改造等非研发创新活动对制造业全要素生产率具有显著的负向影响。本章的结果与肖文和林高榜（2011）的研究结果一致，他们同样发现技术引进等非研发创新活动没有对全要素生产率产生溢出效应。导致出现这种结果的原因是，一是发达国家出售给中国企业的机器设

备属于不够先进的技术设备，实际上发达国家一直在核心技术转让方面对中国企业设置障碍，随着中国制造业逐步缩小与世界技术前沿的差距，技术引进等非研发创新活动的作用有限；二是由于中国人力资本与发达国家仍存在差距，缺乏对国外技术装备及其背景知识的深入了解与掌握，引进的技术设备未能充分发挥节能减排和绿色发展的有效作用。在第(5)列中人力资本与非研发创新的交乘项系数为 3.07，且达到了 1% 显著性水平，这表明人力资本积累与非研发创新协同对制造业全要素生产率具有显著正向效应。Acemoglu & Zilibotti(2001)认为劳动者技能与生产技术的匹配性解释了不同国家间的生产率差异，他们研究发现，即使不存在任何技术转移障碍，由于发展中国家劳动力质量与引进技术的不匹配性导致生产率低下。这些实证结果说明，人力资本与非研发创新对制造业全要素生产率具有显著的协同效应。换言之，人力资本与非研发创新的协同发展，促进了制造业全要素生产率增长，有利于制造业实现高质量发展。

在此基础上，第(3)列和第(6)列引入产权结构变迁、外商投资以及资本深化等控制变量，合作研发创新、非研发创新与人力资本及其交乘项的系数及显著性没有实质性变化，以国有比例下降、非国有经济发展为特征的产权结构变迁和外资引入均显著提高了制造业全要素生产率，而资本深化对制造业全要素生产率没有显著影响。上述结果与表 3-5 的结果保持一致，说明回归分析结果的可靠性。

由上述结果可知，不考虑科技创新与人力资本的相互作用时，自主研发创新、合作研发创新和非研发创新均对制造业全要素生产率不存在显著促进效应，但自主研发创新、合作研发创新和非研发创新与人力资本的交互项对全要素生产率具有显著正向影响，表明科技创新与人力资本的协同发展，对制造业全要素生产率具有促进效应，有利于制造业实现高质量发展，这验证了假设 2-1。

3.4.5　稳健性检验

为了保证分析结果的稳健性，在表 3-4 第(5)列的基础上，从模型设定、替换变量、补充遗漏变量以及工具变量回归四个方面重新做了实证检验。

首先，采用随机效应模型进行了重新估计。表 3-6 第(1)~(3)列报告了自主研发创新、合作研发创新以及非研发创新分别与人力资本对制造业全要素生产率

表3-6　稳健性检验结果

gtfp	(1) hc	(2) hc	(3) hc	(4) lnrdemp	(5) lnrdemp	(6) lnrdemp	(7) hc	(8) hc	(9) hc	(10) hc	(11) hc	(12) hc
	RE	RE	RE	FE	FE	FE	FE	FE	FE	IV	IV	IV
hc/lnrdemp	-28.841*** (8.391)	-16.113** (5.990)	-34.728*** (10.383)	-0.364*** (0.044)	-0.198*** (0.018)	-0.386*** (0.038)	-27.618*** (5.490)	-17.303*** (2.492)	-45.997*** (5.021)	-60.751*** (21.328)	-25.806** (13.028)	-52.535*** (18.424)
lninrd	0.028 (0.036)	0.013 (0.028)		0.080 (0.078)			0.094 (0.078)	0.098 (0.065)	0.133* (0.068)	0.006 (0.136)		
lnextrd					-0.053* (0.029)		0.005 (0.062)	-0.032 (0.068)	0.064 (0.068)		-0.192* (0.105)	
lnnonrd			0.001 (0.035)			-0.184*** (0.052)	-0.134** (0.066)	-0.148** (0.070)	-0.185*** (0.053)			-0.154 (0.129)
lninrd * hc	2.324*** (0.700)			0.027*** (0.003)			2.241*** (0.472)			4.405** (1.545)		
lnextrdk * hc		1.644** (0.696)			0.027*** (0.004)			1.844*** (0.263)			2.343** (1.195)	
lnnonrdk * hc			3.107*** (1.021)			0.045*** (0.006)			4.086*** (0.477)			4.364*** (1.534)
控制变量	是	是	是	是	是	是	是	是	是	是	是	是
时间效应	是	是	是	是	是	是	是	是	是	是	是	是
N	155	155	155	155	155	155	155	155	155	155	155	155
R^2	0.5614	0.5576	0.5883	0.5809	0.5785	0.5911	0.5783	0.5760	0.6048	0.527	0.546	0.587
F				296.507	463.976	2858.692	121.640	153.779	147.538	13.279	13.702	15.395

注：括号内是稳健标准误，*，**和***分别表示$p<0.1$，$p<0.05$和$p<0.01$。

的影响。可以看出，主要解释变量的估计结果没有发生变化，制造业三个科技创新变量与人力资本变量的交乘项系数至少在 5% 水平上显著为正，表明人力资本与科技创新对促进制造业全要素生产率增长具有显著协同效应。换言之，实现人力资本与科技创新的协同发展有利于缓和"研发-生产率悖论"，并破解中国科技创新的困境。

其次，由于变量的测量误差会影响估计结果，更换人力资本变量的衡量指标重新进行实证检验。表 3-6 第（4）～（6）列将制造业行业研发人员数量作为人力资本的代理指标，仍然采用双向固定效应模型进行估计，人力资本与三个科技创新变量的交乘项系数依然显著为正，与前文估计结果一致。

再次，为了防止遗漏重要解释变量的影响，把三个科技创新变量同时纳入模型进行回归。表 3-6 第（7）～（9）列报告了加入遗漏解释变量的估计结果，可以发现人力资本与三个科技创新变量交乘项的系数估计值仍然在 1% 水平上显著。

最后，为了防止双向因果关系导致的内生性问题，采用工具变量法进行重新估计。将人力资本、科技创新以及交乘项作为内生变量，采用各内生变量的滞后一期作为工具变量，第（10）～（11）列的工具变量回归结果显示，三个模型的识别不足检验均在 1% 水平上拒绝原假设，弱工具变量检验均至少在 10% 水平上拒绝原假设，表明不存在识别不足和弱工具变量问题；由于工具变量的数量正好等于内生变量的数量，不存在过度识别问题。三个模型中科技创新与人力资本的交乘项系数估计值均显著为正，与前文估计结果具有一致性。

3.5 拓展分析：非线性效应与行业差异

前文实证分析表明，科技创新与人力资本对制造业全要素生产率增长具有正向协同效应，即科技创新与人力资本的协同发展，有利于制造业实现高质量发展。那么，在人力资本序参量的支配作用下，科技创新是否呈现非线性效应？此外，鉴于第 1 章发现中国制造业内部高技术行业和传统中低技术行业与世界技术前沿的差距不同，科技创新与人力资本的协同效应在不同行业是否存在差异？为了回答上述问题，本节将分别采用面板门槛模型和分组回归进行检验。

3.5.1 人力资本支配下科技创新的非线性效应

3.5.1.1 面板门槛效应模型设定

为了进一步检验人力资本序参量支配作用下科技创新的非线性效应，采用 Hansen(1999)提出的面板门槛模型，实证检验不同人力资本水平区间内科技创新对制造业全要素生产率的影响。在式(3-1)的基础上，建立单一门槛模型：

$$gtfp_{it} = \beta_0 + \beta_1 innov_{it} \cdot I(hc \leq \tau) + \beta_2 innov_{it} \cdot I(hc > \tau) \qquad (3\text{-}5)$$
$$+ \beta_3 hc_{it} + \gamma X + \lambda_i + \mu_t + \varepsilon_{it}$$

其中 $I(\cdot)$ 为示性函数，当括号内条件被满足时，其值取为 1；当不能满足时，其值取为 0。人力资本(hc)为门槛变量，科技创新($innov$)为显示出门槛效应的变量；τ 为待估计门槛值。进一步，可以建立科技创新影响制造业全要素生产率的双重门槛效应模型：

$$gtfp_{it} = \beta_0 + \beta_1 innov_{it} \cdot I(hc \leq \tau_1) + \beta_2 innov_{it} \cdot I(\tau_1 < hc \leq \tau_2) \qquad (3\text{-}6)$$
$$+ \beta_3 innov_{it} \cdot I(hc > \tau_2) + \beta_4 hc_{it} + \gamma X + \lambda_i + \mu_t + \varepsilon_{it}$$

其中，τ_1 和 τ_2 分别为两个待估计门槛值。根据 Hansen(1999)，如果给定门槛值 τ，可通过回归估计出模型的参数，并且可以得到回归的残差平方和 SSR(τ)。如果给定的门槛值 τ 越接近真实的门槛值，则模型回归的残差平方和 SSR(τ)越小。因此，可以通过给定不同的候选门槛值，观察模型的残差平方和变化，残差平方和最小时对应的候选门槛值就是真实门槛值的估计值，即 $\hat{\tau} = \underset{\tau}{\arg\min} SSR(\tau)$。

此外，应用门槛效应模型需要进行两个检验：一是门槛效应存在性检验，二是门槛值真实性检验。针对单一门槛模型式(3-5)，第一个检验的原假设和备择假设分别为：

H_0：$\beta_1 \neq \beta_2$，即门槛效应存在；

H_1：$\beta_1 = \beta_2$，即门槛效应不存在。

通过构造统计量 $F = \dfrac{SSR_0 - SSR(\hat{\tau})}{\hat{\sigma}^2} = \dfrac{SSR_0 - SSR(\hat{\tau})}{SSR(\hat{\tau})/n(T-1)}$ 对上述假设进行统计推

断，其中 SSR_0 为不考虑门槛效应时即式(3-1)的残差平方和。由于该 F 统计量分布不可获得，根据 Hansen(1999)建议，可采用自抽样方法获得其渐进分布，从而获得其 p 值。

在确定门槛效应存在的基础上，需要进一步对门槛值的真实性进行检验，其原假设和备择假设分别为：

H_0：$\hat{\tau}=\tau$，即门槛估计值等于门槛真实值；

H_1：$\hat{\tau}\neq\tau$，即门槛估计值不等于门槛真实值。

通过构造似然比统计量 $LR(\tau)=\dfrac{SSR(\tau)-SSR(\hat{\tau})}{\hat{\sigma}^2}$，在 H_0 成立时，$LR(\tau)$ 的分布是非标准的，但可以通过一个简单的公式即 $2\log(1-(1-\delta)^{1/2})$ 来计算其在不同显著性水平下的临界值，其中 δ 为显著性水平，对应在 5% 水平下的临界值为 7.35。

3.5.1.2　门槛效应估计结果分析

通过自抽样方法对模型中门槛效应的存在性进行检验，检验结果列于表 3-7。由表 3-7 可知，内部自主研发、产学研合作研发和非研发创新的单一门槛效应检验均在 1% 水平上拒绝了不同人力资本区间内系数相同的原假设，且其人力资本门槛值是十分一致的，均为 0.041；进一步的双重门槛检验显示，三类科技创新活动均在 10% 的显著水平上拒绝原假设，且两个门槛值分别为 0.022 和 0.041。因此，在不同人力资本区间内，科技创新对制造业全要素生产率的效应是非线性的，即存在显著的门槛效应。

表 3-7　　　　　　　　　门槛效应存在性检验与门槛值估计

门槛效应变量	单一门槛检验			双重门槛检验			
	F 值	p 值	门槛值	F 值	p 值	第一门槛值	第二门槛值
自主研发创新	14.548***	0.005	0.041	9.297*	0.075	0.022	0.041
合作研发创新	16.268***	0.010	0.041	1.670*	0.073	0.022	0.041
非研发创新	15.780***	0.000	0.041	9.219*	0.07	0.022	0.041

注：门槛变量为人力资本，*、** 和 *** 分别表示 $p<0.1$，$p<0.05$ 和 $p<0.01$。

图 3-2 报告了对双重门槛估计值真实性的检验结果，其中图 3-2(a) 和 (b) 显示了以自主研发创新为门槛效应变量的估计结果，根据似然比统计量 LR 值随人力资本的波动趋势可知，在第一门槛值和第二门槛值处均小于 5% 显著性水平下的临界值 7.35，不能拒绝门槛估计值等于门槛真实值的原假设，故接受 0.022 和 0.041 是真实的门槛值；图 3-2(c)、(d) 和 (e)、(f) 分别显示的是以合作研发创新为门槛效应变量和以非研发创新为门槛效应变量的检验结果，其 LR 值均小于 7.35，在 5% 显著性水平上不能拒绝原假设，因此可以认为 0.022 和 0.041 是真实的门槛值。

表 3-8 报告了以人力资本为门槛变量的回归结果，其中第 (1)~(2) 列是自主研发创新的单一门槛和双重门槛效应结果。

从单一门槛估计结果来看，当人力资本高级化水平低于 0.041 时，自主研发创新对制造业全要素生产率的影响系数为 0.153，且在 1% 水平上显著，这说明自主研发创新每增加 1%，制造业全要素生产率将提高 0.153%；当人力资本水平越过 0.041 的门槛值后，自主研发创新的影响系数增加为 0.165，表明自主研发创新水平变化 1% 将导致全要素生产率提高 0.165%。在其他条件不变的情况下，人力资本水平跨越门槛值后，自主研发创新对制造业全要素生产率的促进作用提高了 7.84%。在人力资本的支配作用下，自主研发创新对制造业高质量发展水平具有递增的非线性效应。

从第 (2) 列自主研发创新的双重门槛效应来看，首先，当人力资本水平低于第一门槛值 0.022 时，自主研发创新的影响系数为 0.144；其次，当人力资本水平位于第二区间 [0.022，0.041] 内时，自主研发创新的影响系数增加为 0.155；最后，当人力资本变量跨越第二门槛值后，自主研发创新的效应进一步增加为 0.169，且三个区间内自主研发创新的系数估计值均在 1% 水平上显著。随着人力资本变量从低于 0.022 增加到高于 0.041，自主研发创新每提升 1%，制造业全要素生产率从增长 0.144% 变为增长 0.169%，表明自主研发创新的促进作用提高了 17.36%。在人力资本的支配作用下，自主研发创新对制造业全要素生产率具有逐步递增的促进效应。

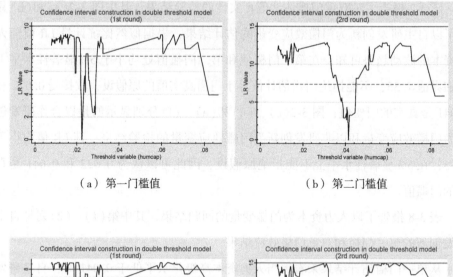

（a）第一门槛值　　　　　　　　　　（b）第二门槛值

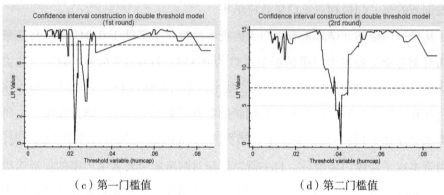

（c）第一门槛值　　　　　　　　　　（d）第二门槛值

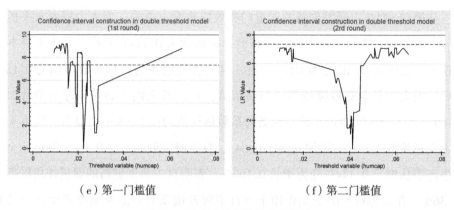

（e）第一门槛值　　　　　　　　　　（f）第二门槛值

图 3-2　门槛估计值的真实性检验

资料来源：利用 STATA 软件绘制。

表 3-8　　　　　　科技创新对制造业发展质量的门槛效应估计结果

	（1）	（2）	（3）	（4）	（5）	（6）
	自主研发创新 lninrd		合作研发创新 lnextrd		非研发创新 lnnonrd	
	单一门槛	双重门槛	单一门槛	双重门槛	单一门槛	双重门槛
innov_1	0.153 ***	0.144 ***	0.051 ***	0.036 *	0.075 **	0.061 **
	（0.027）	（0.027）	（0.019）	（0.019）	（0.029）	（0.029）
innov_2	0.165 ***	0.155 ***	0.065 ***	0.056 ***	0.085 ***	0.072 **
	（0.029）	（0.027）	（0.020）	（0.019）	（0.030）	（0.028）
innov_3		0.169 ***		0.073 ***		0.084 ***
		（0.028）		（0.020）		（0.029）
hc	−0.157	−1.757	2.229	0.911	4.679 **	3.139
	（2.075）	（2.109）	（2.231）	（2.210）	（1.930）	（1.968）
soe	−0.797 ***	−0.945 ***	−0.861 **	−0.869 **	−1.058 ***	−1.165 ***
	（0.289）	（0.288）	（0.347）	（0.337）	（0.346）	（0.340）
lnfdi	−0.057 ***	−0.056 ***	0.014	0.019	−0.012	−0.009
	（0.019）	（0.019）	（0.017）	（0.016）	（0.019）	（0.019）
lnkl	−0.049	−0.060	0.111 **	0.093 **	−0.051	−0.057
	（0.037）	（0.036）	（0.048）	（0.047）	（0.044）	（0.043）
常数项	−0.076	0.043	0.477 ***	0.576 ***	0.563 ***	0.709 ***
	（0.212）	（0.212）	（0.133）	（0.133）	（0.192）	（0.195）
时间效应	是	是	是	是	是	是
N	180	180	180	180	180	180
R^2	0.566	0.588	0.500	0.525	0.530	0.557
F	18.037	17.923	13.204	13.613	13.838	13.891

注：*、** 和 *** 分别表示 $p<0.1$，$p<0.05$ 和 $p<0.01$。

第（3）和（4）列是合作研发创新的单一门槛和双重门槛效应估计结果，在单一门槛回归估计中，随着人力资本跨越单一门槛值 0.041，制造业企业与高等学校、科研院所的合作研发创新的影响系数从 0.051 增长为 0.065，且两个系数均在 1% 置信水平上显著。由此可见，随着人力资本水平的提高，合作研发创新对全要素生产率的促进效应增加了 27.45%。双重门槛的回归结果与此十分类似，随着人力资本水平从第一区间跨入第二区间和第三区间，合作研发创新的影响系数从 0.036 增加到 0.073，且其显著性逐步提高。人力资本变量从低于 0.022 增长到高于 0.041，合作研发创新对制造业全要素生产率的促进效应提升了 102.78%。换言之，由于人力资本跨越门槛值，导致合作研发创新的促进作用翻了一倍。

第(5)列和第(6)列的结果显示了非研发创新活动的单一门槛和双重门槛效应，从单一门槛回归结果可以发现，非研发创新活动的影响系数在不同人力资本区间内存在显著差异，非研发创新在第一区间内的效应系数为 0.075，第二区间内的效应系数增加为 0.085，非研发创新对全要素生产率的促进效应提升了 13.33%。第(6)列的双重门槛回归结果显示，人力资本水平的三个不同区间内，非研发创新对制造业全要素生产率的影响系数从 0.061 增加到 0.084，并且显著性水平更高。在人力资本的支配作用下，非研发创新对制造业全要素生产率的促进效应提升了 37.7%。

经过上述分析发现，随着人力资本水平的提高，科技创新对制造业全要素生产率具有逐渐递增的非线性效应。从科技创新的不同形式来看，在人力资本的支配作用下，合作研发创新对制造业全要素生产率的促进效应提升最大，其次是非研发创新，自主研发创新的生产率促进效应提升最小。具体来看，随着人力资本水平跨越 0.022 和 0.041 两个门槛，合作研发创新对全要素生产率的促进效应提升 102.78%，非研发创新对全要素生产率的促进效应提升 37.7%，自主研发创新对全要素生产率的促进效应提高 17.36%。

3.5.2　科技创新与人力资本协同效应的行业差异

中国制造业不同行业间的全要素生产率存在明显差异，前文研究发现，2014 年中国制造业总体的全要素生产率是美国同期的 39.89%，其中高技术产业仅为美国的 37.6%。相对于传统的中低技术行业，中国高技术产业与世界技术前沿之间存在更大的差距。将 26 个制造业细分行业按照研发强度的差异分为低技术行业、中技术行业和高技术行业，以研究科技创新与人力资本协同对不同行业全要素生产率的影响。表 3-9 显示了自主研发创新、合作研发创新和非研发创新与人力资本协同对不同技术特征行业的影响。

表3-9 不同技术密集度行业的估计结果

	低技术行业			中技术行业			高技术行业		
	(1)	(2)	(3)	(4)	(5)	(6)	(7)	(8)	(9)
	$lninrd$	$lnextrd$	$lnnonrd$	$lninrd$	$lnextrd$	$lnnonrd$	$lninrd$	$lnextrd$	$lnnonrd$
hc	-83.812*** (13.210)	-88.644*** (21.021)	-117.758*** (24.517)	-64.519*** (16.510)	-51.510*** (7.712)	-78.042*** (10.341)	-8.577 (8.393)	-0.008 (5.043)	-8.252 (7.356)
$lninrd$	-0.637* (0.291)			-0.246*** (0.068)			0.228 (0.201)		
$lnextrd$		-0.101 (0.151)			-0.121** (0.045)			0.363*** (0.101)	
$lnnonrd$			-0.448*** (0.078)			-0.102 (0.068)			0.181* (0.080)
$lninrd * hc$	8.346*** (1.724)			6.428*** (1.436)			0.551 (0.725)		
$lnextrd * hc$		11.307*** (3.203)			7.006*** (0.998)			-0.653 (0.591)	
$lnnonrd * hc$			10.418*** (2.763)			7.361*** (0.913)			0.559 (0.736)
控制变量	控制	控制	控制	控制	控制	控制	控制	控制	控制
个体效应	是	是	是	是	是	是	是	是	是
时间效应	是	是	是	是	是	是	是	是	是
N	53	53	53	48	48	48	54	54	54
R^2	0.6153	0.5886	0.6167	0.8253	0.8508	0.8262	0.7407	0.7568	0.7475
F	177.883	105.864	119.276	2266.527	9077.748	85903.19	57.359	100.738	5.113

注：圆括号内为 Driscoll & Kraay 稳健型标准误，*、** 和 *** 分别表示 $p<0.1$, $p<0.05$ 和 $p<0.01$。

　　表 3-9 第(1)～(3)列是低技术行业样本的估计结果，人力资本与自主研发创新、合作研发创新以及非研发创新交乘项的估计系数均显著为正，表明人力资本有助于三种科技创新活动发挥对低技术行业全要素生产率的促进作用，人力资本与科技创新的协同显著促进了低技术行业的全要素生产率。第(4)～(6)列是中技术行业样本的回归结果，人力资本与三种科技创新活动交乘项系数均为正，且在 1%水平上显著，表明人力资本与科技创新协同发展对中技术行业全要素生产率具有正向影响。因而，科技创新与人力资本对提升中低技术行业全要素生产率具有显著的正向协同效应。

　　与中低技术行业存在明显区别的是，高技术行业中人力资本与三种科技创新活动交乘项的系数均不显著，其中第(7)列中，人力资本、自主研发创新及其交乘项系数均不显著，表明人力资本与自主研发创新没有提升高技术行业全要素生产率，且两者没有发挥协同效应。可能的原因在于，高技术行业是科技创新活跃的部门，依赖更高水平的人力资本与之协同，然而中国高技术行业人力资本水平与美国等世界技术前沿存在更大的差距，中国研发人员最为密集的计算机与电子行业和制药业中研发人员占比分别为 4.66%和 2.67%，而美国这两个行业的比例为 11.37%和 13.23%(李静等，2017)，这阻碍了科技创新与人力资本协同效应的发挥。由于缺乏人力资本与科技创新的协同效应，这在一定程度上解释了相比于传统的中低技术行业，中国高技术行业与世界技术前沿的差距更大的特征事实(赵玉林和谷军健，2018)。第(8)列中合作研发创新的系数在 1%水平上显著为正，表明合作研发创新对制造业全要素生产率具有正向效应，但人力资本没有发挥与合作研发创新的协同效应。第(9)列中非研发创新的影响系数在 10%水平上显著为正，表明非研发创新促进了高技术行业全要素生产率，但人力资本没有发挥与非研发创新的协同效应。从控制变量来看，以国有经济比例提高为特征的产权结构变迁主要促进了低技术行业的全要素生产率，而外商直接投资则主要对高技术行业具有正向效应。

3.6　本章小结

　　本章立足中国研发投资高速增长、全要素生产率增速放缓的典型事实，探讨导致中国科技创新陷入困境、出现"研发-生产率悖论"以及阻碍制造业实现高质量发展的原因及相应解决途径。基于协同学的理论思想，分析了人力资本与科技创新的协同互动机理，提出相关研究假设，综合考虑价值增值效率、能耗降低和污染减少等高质量发展内涵后，运用基于全局 DEA 的 Malmquist-Luenberger 指数法测度了制造业细分行业的全要素生产率，实证分析了人力资本与科技创新协同对制造业全要素生产率的影响及行业差异，并运用面板门槛模型检验了人力资本支配下科技创新对全要素生产率的非线性效应。经过研究，主要得出以下四个主要结论：

第一，在不考虑科技创新与人力资本的相互作用时，自主研发创新、合作研发创新和非研发创新均没有对制造业全要素生产率产生显著影响，这说明中国科技创新的确在某种程度上陷入困境，"研发-生产率悖论"不仅存在于自主研发创新之中，合作研发创新和非研发创新同样不能单独促进制造业全要素生产率。

第二，科技创新和人力资本对制造业全要素生产率具有协同效应。实证结果显示，自主研发创新、合作研发创新、非研发创新三种科技创新活动与人力资本的交乘项均对制造业全要素生产率具有显著正向效应。在考虑模型设定、变量测量误差、遗漏解释变量以及双向因果关系等问题后，稳健性检验结果依然支持了这一结论。

第三，在人力资本支配下，科技创新对制造业全要素生产率呈现出不断增加的非线性效应。面板门槛效应模型估计结果显示，随着人力资本水平的不断提高，自主研发创新、合作研发创新和非研发创新对制造业全要素生产率的促进效应逐步增大，呈现非线性效应。

第四，科技创新与人力资本的协同效应在不同技术行业中存在显著差异。在中低技术行业中，科技创新和人力资本协同对制造业全要素生产率具有显著正向效应，而高技术行业中科技创新与人力资本没有发挥协同效应，合作研发创新和非研发创新在一定程度上单独提升了高技术行业的全要素生产率。本书认为这可能与高技术行业人力资本需求更高有关。

第 **4** 章 | "引进来"与"走出去"：
海外研发与技术引进互动的
高质量发展路径

随着中国以更加开放的姿态参与国际经济合作，在不断吸引外商投资的同时，"走出去"战略和"一带一路"倡议等促使中国企业对外直接投资的流量和存量规模逐步扩大，2017年中国对外直接投资流量和存量分别为1582.9亿美元和18090.4亿美元，分别位居全球第3位和第2位。不仅如此，海外研发投资作为对外直接投资的高级阶段(毛蕴诗、袁静和周燕，2005)，其规模水平也在稳步扩大，来自《工业企业科技活动统计年鉴》的数据显示，中国工业企业 R & D 经费对境外支出从2009年的517954万元增加到2015年的844015万元，年平均增长8.48%。Di Minin et al. (2012)指出，不同于发达国家跨国企业海外研发投资的技术创新意图，中国等发展中国家进行海外研发投资的动机主要是对国外先进技术知识的学习，并逐渐经历技术搜索、将国外技术与国内研发活动融合以及在东道国进行技术开发等演变过程。

那么，中国企业越发活跃的海外研发投资行为是否有利于制造业实现高质量发展？不同行业的海外研发投资对中国制造业发展质量的效应是否存在差异？随着近年来中国更加注重"引进来"与"走出去"的战略互动和双向开放，作为制造业技术开发领域的"引进来"与"走出去"，技术引进行为与海外研发投资行为对制造业绿色发展质量的影响是否存在协同机制？对以上这些问题的回答，不仅有助于落实中国企业"走出去"战略，而且可以为中国制造业转向高质量发展的相关政策制定提供参考。

4.1 海外研发投资的双向作用

海外研发投资对制造业绿色发展质量的影响可分为两个方面：一是通过创新效应、知识溢出效应、东道国环境规制倒逼效应等途径对制造业绿色发展质量产生正向影响；二是由于抑制规模经济与范围经济效应、技术吸收能力不足、外来者劣势和运营成本增加等可能对制造业绿色发展质量产生不利影响。

4.1.1 正面作用

第一，海外研发投资可帮助企业捕获高质量的创新资源(Kafouros et al.，2008)，通过自身创新效应提升制造业绿色发展质量。一方面，不同于一般性的对外直接投资，跨国企业的海外研发投资的动机往往集中于学习先进技术知识和获取高端人才等创新资源(Von Zedtwitz & Gassmann, 2002)，研发创新人员作为东道国技术知识存量的携带载体，在国内往往难以获得，通过雇佣来自当地一流大学、研究机构和其他科技企业的高级研发人才，可在全球范围内整合知识并提升创新能力；另一方面，通过与当地企业组建研发联盟，以及与研发机构和大学开展合作创新，加速母国企业融入全球创新网络，掌握核心技术演进动态与发展方向等创新信息(李梅和余天骄，2016)，增强母国企业创新能力与绩效水平，进而有助于突破制约中国制造业向高质量发展的技术瓶颈。

第二，获取知识溢出是海外研发投资提升母国制造业发展质量的重要机理之一。与一国制造业质量与竞争优势相关的技术知识很大一部分是隐性的，这些隐性知识难以编码，因而难以实现扩散和溢出。通过海外研发投资以及建立海外研发机构，可以与东道国的技术知识池实现直接且紧密的联系(Iwasa & Odagiri, 2004)。一是海外研发机构通过参与当地科学界组织的正式与非正式会议，拥有更多与东道国科研人员面对面交流的机会，研发人员的跨企业流动均有利于促进隐性知识的溢出；二是海外研发机构与供应商近距离沟通交流有助于解构上游产品的核心技术，与客户的深入沟通帮助企业了解并跟踪市场需求的变动，并获得与市场需求相关的新想法以及新产品模型(王展硕和谢伟，2018)。因此，从东道国知识池获取的知识溢出不仅有利于提升母国企业的生产效率以及产品的增加值含量，且关于绿色技术知识的溢出有利于母国企业节约能源消耗和降低污染排放，提升绿色发展质量。

第三，东道国环境规制及相关制度迫使海外投资企业承担更高的环境保护责任，从而提升制造业绿色发展质量。为了更好地融入东道国的市场环境，避免因国际市场合法性问题带来的损失，海外研发投资企业按照国际标准履行社会责任(王全景，2018)，其中环境保护是企业履行社会责任的重要方面，Marano 和 Kostova(2016)认为在不同国家实行标准化的企业承担了更高的社会责任。海外投资企业因受制于东道国环境规制而承担环保责任，由于跨国经营的标准化，企业在母国生产制造过程中也更加考虑环保因素，因此海外研发投资有利于提升母国的绿色发展质量。

4.1.2　负面作用

此外，海外研发投资也可能对制造业绿色发展质量产生不利影响。

首先，企业的研发创新活动会产生规模经济效应和范围经济效应，这两种效应在技术密集型行业更加明显，而创新活动在地理位置上的分散可能不利于规模经济与范围经济效应的发挥（Singh，2008），从而会抵消海外研发投资的创新效应。

其次，技术开发能力与吸收能力是影响海外研发投资逆向知识溢出的重要因素（Cohen & Levinthal，1990），当母国制造业某一行业与东道国的技术差距较大时，由于缺乏足够的吸收能力，从东道国技术知识池中获取的溢出效应较小。

最后，海外研发投资企业往往面临外来者劣势，且沟通成本和协调成本也随着海外投资机构的增加而上升（Asakawa，2001），不断增加的成本抵消了创新效应和知识溢出带来的效率提升和价值增值，因此可能对制造业的绿色高质量发展产生不利影响。

4.2　计量模型、变量与数据

4.2.1　计量模型设定

鉴于海外研发投资对制造业绿色发展质量存在双重影响，为准确识别中国愈发活跃的海外研发投资行为的真实效应，本章构建如下计量模型进行实证考察：

$$gquality_{it} = \beta_0 + \beta_1 osrd_{it} + \gamma X + \lambda_i + \mu_t + \varepsilon_{it} \qquad (4\text{-}1)$$

其中，$gquality$ 表示制造业绿色发展质量，$osrd$ 表示中国企业海外研发投资，X 表示其他控制变量，主要包括影响绿色发展质量的其他因素，如国内研发创新、技术引进等非研发创新、人力资本水平以及资本密集度等，i 和 t 分别表示细分行业和时间，λ_i 表示行业效应，μ_t 表示时间效应，ε_{it} 为扰动项。为进一步讨论海外研发投资对不同行业绿色发展质量的影响差异，在式（4-1）的基础上纳入表示不同行业隶属虚拟变量与海外研发投资的交互项，本章主要从行业技术密集程度和市场竞争程度两个层面区分不同行业隶属，扩展后模型如式（4-2）和式

83

(4-3)所示：

$$gquality_{it} = \beta_0 + \beta_1 osrd_{it} + \beta_2 tech * osrd_{it} + \gamma X + \lambda_i + \mu_t + \varepsilon_{it} \tag{4-2}$$

$$gquality_{it} = \beta_0 + \beta_1 osrd_{it} + \beta_3 soe * osrd_{it} + \gamma X + \lambda_i + \mu_t + \varepsilon_{it} \tag{4-3}$$

其中，*tech* 和 *soe* 分别表示行业技术密集水平和行业市场竞争水平的虚拟变量。此外，本章试图分析国外技术引进行为与海外研发投资行为的协同互动效应，通过加入技术引进等非研发创新 *imptech* 与海外研发投资 *osrd* 的交互项进一步拓展式(4-1)，最终构建的模型如式(4-4)所示：

$$gquality_{it} = \beta_0 + \beta_1 osrd_{it} + \beta_4 osrd * imptech_{it} + \gamma X + \lambda_i + \mu_t + \varepsilon_{it} \tag{4-4}$$

4.2.2 变量选取

(1)被解释变量——绿色发展质量。将采用 DEA-GML 指数测算出的绿色发展质量变化率，转换为以 2009 年为基期的累积变化率，作为被解释变量。

(2)核心解释变量——海外研发投资。为消除不同行业规模的差异，借鉴白俊红和刘宇英(2018)的做法，使用制造业细分行业海外研发投资占其工业增加值的比例作为不同行业海外研发投资水平。由于《工业企业科技活动统计年鉴》从 2009 年开始公布中国工业企业对境外研发经费支出的数据，因此实证分析环节设定的样本区间为 2009—2015 年。

(3)控制变量。为了提高结果的可靠性和稳健性，本章控制了除海外研发投资外其他影响制造业绿色发展质量的因素。国内研发创新采用永续盘存法测算国内研发资本存量作为国内研发创新水平的测度指标，计算式如下：

$$K_t = (1-\delta)K_{t-1} + RDI_t \tag{4-5}$$

$$K_0 = RDI_1/(g+\delta) \tag{4-6}$$

其中，K_t 和 K_{t-1} 分别表示 t 和 $t-1$ 期的国内研发资本存量，RDI_t 表示 t 期研发经费内部支出，δ 为折旧率，参考 Hall 和 Mairesse(1995)的做法，设定为 15%。g 为研发经费内部支出的增长率，由样本期内研发经费内部支出的实际增长率表示。

技术引进。国家创新系统理论认为，创新的来源包括研发创新活动和非研发创新活动(Soete，Verspagen & Ter Weel，2010)，除研发创新活动外，技术引进、消化吸收和改造等非研发创新活动也对制造业绿色发展质量具有潜在影响。将引进技术经费支出、消化吸收经费支出和技术改造经费支出等加总作为技术引进等非研发创新经费，并运用与式(4-5)和式(4-6)类似的永续盘存法计算资本存量，将其作为技术引进等非研发创新水平的代理指标。

人力资本水平。鉴于统计资料中没有制造业细分行业从业人员的受教育水平指标，本章选用从业人员中 R & D 人员的比例作为制造业细分行业的人力资本水平。

资本密集度。采用制造业细分行业固定资产净值与就业人员平均人数的比值作为资本密集度的衡量指标。

4.2.3　数据描述

为了消除价格因素的影响，将工业增加值、固定资产净值、研发经费内部支出以及非研发创新经费支出等处理成以 2009 年为基期的不变价格数据序列。表4-1 汇报了全样本中各变量的描述性统计。

表 4-1　　　　　　　　　　　　变量的描述性统计

变量	均值	标准差	最小值	中位数	最大值
gquality	1.164	0.229	0.583	1.1	1.958
osrd	2.166	3.756	0	0.491	18.765
imptech	10.069	1.366	5.9	10.134	12.788
inrd	10.223	1.406	6.682	10.246	13.102
humcap	0.028	0.02	0.002	0.022	0.088
ln*kl*	2.96	0.671	1.22	2.883	4.629

4.3　海外研发与技术引进互动的高质量发展效应检验

4.3.1　变量的平稳性检验

由于面板数据中包含了时间趋势①，为了预防"伪回归"现象对实证结果的干

———————

①　本节实证数据属于大 N 小 T 型的面板数据，存在单位根的可能性不大。

扰，回归分析之前有必要对各个变量的平稳性进行检验。本章采用了 LLC 和 IPS 两种面板单位根检验方法，结果列于表 4-2。从表 4-2 可知，各个变量均在 1% 的置信水平下拒绝了存在单位根的原假设，因此可以认为各个变量均具有平稳性，可通过回归分析探讨海外研发投资($osrd$)与制造业绿色发展质量($gquality$)等变量间的长期均衡关系。

表 4-2   **变量的单位根检验结果**

变量	LLC 检验		IPS 检验			结果
	unadjusted t	P-value	t-bar	W[t-bar]	P-value	
$gquality$	−25.646	0.0000	−12.533	−43.822	0.0000	平稳
$osrd$	−160.00	0.0000	−7.433	−22.25	0.0000	平稳
$imptech$	−54.2609	0.0000	−26.173	−101.523	0.0000	平稳
$inrd$	−25.6236	0.0000	−176.564	−737.697	0.0000	平稳
$humcap$	−37.4945	0.0000	−4.164	−8.42	0.0000	平稳
lnkl	−140.00	0.0000	−8.147	−25.272	0.0000	平稳

4.3.2   海外研发作用的回归结果

为了避免模型中可能存在的序列相关、异方差以及截面相关等问题，对系数统计推断结果产生干扰，采用 Driscoll 和 Kraay(1998)的方法同时考虑自相关和异方差等问题对系数标准误进行调整。此外，为了防止模型中可能存在多重共线性的不利影响，我们采取逐步加入变量回归的方法，比较各个变量依次加入前后其他变量系数符号及显著性的变化，回归结果显示存在共线性的可能及影响不大。由于样本区间内面临着国际金融危机余波、一揽子计划（又被称为"四万亿投资计划"）、党的十八大提出"绿色化"关于生态环境的新论断以及十八届五中全会提出绿色发展理念等宏观环境和政策的变化，都会对中国制造业的绿色发展质量产生一些影响。为了捕捉这些宏观政策环境的影响，在模型中加入表示年份的时间虚拟变量。基于此，我们采用双向固定效应模型进行估计，估计结果列于表 4-3。

表 4-3　　　　　　海外研发投资影响绿色高质量发展的估计结果

	（1）	（2）	（3）	（4）	（5）
osrd	−0.004	−0.003	−0.004	−0.005	−0.004
	（−1.29）	（−1.14）	（−1.15）	（−1.11）	（−1.14）
imptech		−0.159**	−0.213**	−0.211**	−0.209**
		（−2.34）	（−2.61）	（−2.56）	（−2.60）
inrd			0.084**	0.086**	0.106**
			（2.26）	（2.16）	（2.22）
humcap				0.994	1.137
				（1.36）	（1.48）
lnkl					−0.082
					（−0.95）
Yr2010	−0.298***	−0.424***	−0.343***	−0.319***	−0.325***
	（−359.35）	（−7.73）	（−6.25）	（−5.86）	（−5.66）
Yr2011	−0.260***	−0.337***	−0.277***	−0.264***	−0.272***
	（−267.92）	（−9.92）	（−7.83）	（−7.32）	（−6.78）
Yr2012	−0.186***	−0.229***	−0.187***	−0.180***	−0.187***
	（−243.10）	（−11.90）	（−8.64）	（−7.87）	（−7.03）
Yr2013	−0.064***	−0.084***	−0.057***	−0.044**	−0.048**
	（−212.34）	（−9.53）	（−4.77）	（−2.46）	（−2.68）
Yr2014	−0.040***	−0.048***	−0.035***	−0.034***	−0.035***
	（−40.84）	（−11.78）	（−6.43）	（−5.72）	（−5.39）
常数项	1.342***	3.006***	2.642***	2.561***	2.586***
	（166.76）	（4.19）	（3.79）	（3.82）	（3.80）
N	156	156	156	156	156
R^2-within	0.5331	0.5417	0.5439	0.5446	0.5452
F	1.658	12.498	83.565	250.835	1162.523

注：括号内为 t 统计量，***、**和*分别表示变量系数在1%、5%和10%水平下显著。

由表4-3可知,表示年份的时间虚拟变量均通过了至少5%水平上显著性检验,表明采用双向固定效应模型具有合理性;依次加入控制变量后,各个变量系数的符号及显著性没有发生显著变化,表明模型回归结果具有稳健性。海外研发投资(*osrd*)的回归系数在所有模型中均为负,始终维持在0.4%左右,且不具有任何统计显著性,整体而言,海外研发投资对中国制造业总体的绿色发展质量影响不显著,这表明中国工业企业海外研发投资没有提高制造业总体的绿色发展质量。这与Driffield et al.(2009)对英国对外直接投资(outward FDI)的研究结果有相似之处,他们发现英国对外直接投资整体上并没有显著提升英国的全要素生产率水平。导致海外研发投资没有提升绿色发展质量这一结果的原因是多样的,第一,可能与中国制造业的技术研发能力有关,Penner-Hahn和Shaver(2005)认为只有当跨国企业拥有相关技术领域的研发能力时,国际化的研发活动才会促进企业创新产出;第二,可能是研发活动在地理位置上的分散很大程度上减少了研发活动的规模经济和范围经济效应(王展硕和谢伟,2018),Singh(2008)发现研发活动的地理分布不利于企业创新专利质量的提升;第三,跨国企业在海外研发投资时往往面临外来者劣势,并且还会增加企业创新的成本,如沟通成本和协调成本(Asakawa,2001),因此从海外研发活动中获取技术知识和高级研发人员溢出的收益可能被不断增加的成本所抵消,从而未能提升制造业绿色发展质量。

由第(2)列可知,技术引进等非研发创新(*imptech*)的回归系数为−0.159,且在5%的置信水平上显著,表明技术引进、消化、吸收和改造等非研发创新活动对制造业绿色发展质量具有显著的负向影响。导致出现这种结果的原因是,一方面发达国家出售给中国的机器设备属于不够先进的技术设备,或者说是在节能减排技术方面不够先进的设备;另一方面,由于缺乏对国外技术装备及其背景知识的深入了解与掌握,引进的技术设备未能充分发挥节能减排和向绿色发展转型的有效作用。此外,肖文和林高榜(2011)在研究国外研发资本对中国技术溢出时同样发现,技术引进等非研发创新活动没有对全要素生产率产生溢出效应,他们认为是由于技术引进合同市场的交易额太小,因此导致技术传播和扩散的范围有限。

进一步加入国内研发创新变量(*inrd*)后,第(3)列中国内研发创新的回归系数为 0.084,且通过了 5% 水平的显著性检验,表明国内研发创新活动对制造业绿色发展质量具有显著正向影响,国内研发创新有利于促进制造业的绿色高质量发展。第(4)列的回归结果显示,人力资本水平(*humcap*)的系数为 0.994,但未表现出统计显著性,表明人力资本水平对制造业绿色发展的影响不显著。第(5)列中纳入了资本劳动比(ln*kl*)这一变量,但其回归系数(−0.082)同样不具有显著性,表明资本劳动比的提高并没有提升制造业的绿色发展质量。

最后,我们讨论表征年份的时间虚拟变量的系数,这些系数反映了国家宏观环境与政策对制造业绿色发展质量的影响。我们发现年份虚拟变量系数始终为负,且具有较高的统计显著性。为了避免虚拟变量陷阱,这里省略了 2015 年的时间虚拟变量,因此常数项系数是 2015 年的截距项系数(1.342),2010—2014年对应的截距项系数分别为 1.044、1.082、1.156、1.278 和 1.302。可以发现,随着时间的推移,截距项系数逐渐增大,其中 2015 年的截距项最大,且 2012 年和 2013 年的截距项系数出现一个较大的增长,这表明 2012 年党的十八大提出"绿色化"以及 2015 年绿色发展理念的提出显著提升了制造业总体的绿色发展质量,中国制造业正逐步向绿色高质量发展转型。

4.3.3 海外研发与技术引进互动的协同效应

从实证发现,海外研发投资整体上没有提高制造业的绿色发展质量,且技术引进、消化和吸收等非研发创新活动对制造业绿色发展质量存在负向影响。近年来,中国更加注重"引进来"和"走出去"战略互动,实现更高水平的双向开放,那么,作为技术开发的"引进来"与"走出去",技术引进活动和海外研发投资对制造业绿色高质量发展是否存在协同效应?一方面,海外研发投资是否有助于弱化技术引进、消化吸收等非研发创新活动的负效应;另一方面,技术引进等非研发活动是否有利于发挥海外研发投资影响绿色发展质量的效果。为了检验上述疑问,本章进一步将海外研发投资与非研发创新的交互项加入回归模型,回归结果列于表4-4。

表 4-4   海外研发投资与技术引进等行为的协同效应估计结果

	（1）	（2）	（3）	（4）	（5）
osrd	−0.068 ***	−0.057 ***	−0.068 ***	−0.067 ***	−0.065 ***
	（−5.91）	（−5.38）	（−5.30）	（−5.56）	（−5.90）
imptech		−0.150 **	−0.214 **	−0.212 **	−0.211 **
		（−2.28）	（−2.70）	（−2.67）	（−2.72）
inrd			0.103 **	0.105 **	0.120 **
			（2.67）	（2.55）	（2.47）
humcap				0.875	0.995
				（1.10）	（1.20）
ln*kl*					−0.067
					（−0.76）
osrd * *imptech*	0.006 ***	0.005 ***	0.006 ***	0.006 ***	0.006 ***
	（6.11）	（4.79）	（5.07）	（5.30）	（5.47）
*Yr*2010	−0.292 ***	−0.412 ***	−0.309 ***	−0.288 ***	−0.294 ***
	（−296.07）	（−7.74）	（−5.62）	（−5.30）	（−5.05）
*Yr*2011	−0.255 ***	−0.329 ***	−0.253 ***	−0.242 ***	−0.249 ***
	（−305.48）	（−9.99）	（−7.06）	（−6.63）	（−6.02）
*Yr*2012	−0.185 ***	−0.226 ***	−0.173 ***	−0.167 ***	−0.174 ***
	（−350.76）	（−12.17）	（−7.83）	（−7.17）	（−6.27）
*Yr*2013	−0.064 ***	−0.083 ***	−0.049 ***	−0.038 *	−0.041 **
	（−304.95）	（−9.74）	（−3.96）	（−2.03）	（−2.20）
*Yr*2014	−0.040 ***	−0.047 ***	−0.032 ***	−0.030 ***	−0.032 ***
	（−55.59）	（−12.75）	（−5.70）	（−5.07）	（−4.72）
常数项	1.337 ***	2.905 ***	2.437 ***	2.371 ***	2.396 ***
	（235.63）	（4.19）	（3.62）	（3.69）	（3.62）
N	156	156	156	156	156
R^2-within	0.5367	0.5442	0.5473	0.5479	0.5483
F	57543.61	271689.02	912.292	1324.482	73.141

注：括号内为 *t* 统计量，***、** 和 * 分别表示变量系数在 1%、5% 和 10% 水平下显著。

由表 4-4 的结果可知，加入海外研发投资与技术引进等非研发创新的交互项（$osrd * \ln nonrd$）后，海外研发投资（$osrd$）影响系数的显著性提高，均通过了 1% 水平下的显著性检验，技术引进等非研发创新的影响系数仍然显著为负。交互项（$osrd * \ln nonrd$）影响系数在 1% 水平下显著为正，表明海外研发投资与技术引进等非研发创新间存在协同效应。根据第（1）列的结果，一方面，海外研发投资对制造业绿色发展质量的边际效应为 $-0.068+0.006 * \ln nonrd$，由表 4-1 的描述性统计结果可知，制造业总体非研发创新活动的最小值、平均值和最大值分别为 5.9、10.069 和 12.788，相应海外研发投资的效应系数分别为 -0.0326、-0.0076 和 0.0087。因此，技术引进等非研发创新活动有利于促进海外研发投资发挥对制造业绿色发展质量的提升效应，随着非研发创新活动的增大，海外研发投资对制造业绿色发展质量的影响逐渐增大。另一方面，根据第（2）列的结果，非研发创新对制造业绿色发展质量的边际效应为 $-0.15+0.005 * osrd$，制造业总体海外研发投资的最小值、平均值和最大值为 0.491、2.166、18.765，相应的非研发创新活动效应系数分别为 -0.148、-0.139 和 -0.056。这表明海外研发投资弱化了技术引进等非研发创新活动对制造业绿色发展的负效应，随着海外研发投资活动的逐步扩大，技术引进等非研发创新活动对制造业绿色发展质量的不利影响逐渐缩小。

其他控制变量的影响系数和显著性没有发生变化，国内研发创新的影响显著为正，人力资本和资本劳动比的影响系数不显著，各个年份虚拟变量的系数依然在 1% 水平上显著且呈现逐年增大的趋势，说明本章估计结果具有较强的稳健性。

4.4 拓展分析：海外研发作用的行业差异

4.4.1 海外研发作用的行业差异

前文实证分析发现，海外研发投资对制造业绿色发展质量的总体效应不显著，即海外研发投资整体上并没有提升制造业绿色发展质量。为了考察海外研发投资的效应是否存在行业差异，将中等技术行业虚拟变量（$tech2$）、高技术行业虚拟变量（$tech3$）分别与海外研发投资的交互项加入回归模型，同样采用双向固定效应模型进行估计，结果列于表 4-5。

表 4-5 海外研发投资对制造业绿色发展质量的影响：行业技术差异

	（1）	（2）	（3）	（4）	（5）
osrd	0.226*	0.222**	0.218*	0.221**	0.225**
	（2.01）	（2.11）	（2.00）	（2.06）	（2.14）
*tech2 * osrd*	-0.248**	-0.240**	-0.237**	-0.239**	-0.243**
	（-2.12）	（-2.19）	（-2.10）	（-2.14）	（-2.22）
*tech3 * osrd*	-0.230*	-0.225**	-0.221*	-0.225**	-0.228**
	（-2.05）	（-2.16）	（-2.05）	（-2.13）	（-2.19）
imptech		-0.147*	-0.193**	-0.191*	-0.189**
		（-2.02）	（-2.10）	（-2.05）	（-2.07）
inrd			0.072*	0.074*	0.102*
			（1.81）	（1.74）	（2.01）
humcap				1.188*	1.385*
				（1.78）	（2.05）
ln*kl*					-0.114
					（-1.24）
*Yr*2010	-0.294***	-0.411***	-0.341***	-0.313***	-0.321***
	（-113.22）	（-6.94）	（-7.19）	（-7.17）	（-6.71）
*Yr*2011	-0.248***	-0.320***	-0.269***	-0.253***	-0.265***
	（-40.93）	（-8.35）	（-9.32）	（-9.48）	（-8.01）
*Yr*2012	-0.176***	-0.216***	-0.180***	-0.171***	-0.182***
	（-32.80）	（-9.73）	（-11.05）	（-10.79）	（-8.25）
*Yr*2013	-0.057***	-0.076***	-0.053***	-0.037**	-0.043***
	（-15.86）	（-7.20）	（-6.32）	（-2.72）	（-3.00）
*Yr*2014	-0.035***	-0.042***	-0.031***	-0.030***	-0.032***
	（-11.95）	（-7.63）	（-8.74）	（-8.26）	（-6.42）
常数项	1.319***	2.863***	2.553***	2.460***	2.491***
	（86.05）	（3.70）	（3.64）	（3.70）	（3.70）
N	156	156	156	156	156

	（1）	（2）	（3）	（4）	（5）
R^2-within	0.5526	0.5600	0.5615	0.5626	0.5637
F	6.652	54.074	1109.575	262.803	199.130

注：括号内为 t 统计量，***、** 和 * 分别表示变量系数在 1%、5% 和 10% 水平下显著。

由表 4-5 的回归结果可知，加入表示行业技术水平虚拟变量与海外研发投资的交互项后，拟合系数 R^2 变大，表明被估计模型更好地拟合了真实模型，且海外研发投资（$osrd$）变量的显著性有了很大的提升。海外研发投资（$osrd$）的系数显著为正，始终保持在 0.22 左右，这表明海外研发投资对低技术行业的绿色发展质量具有显著正效应。低技术行业中海外研发投资水平的标准差为 0.24，这说明海外研发投资水平提高 1 个标准差，低技术行业的绿色发展质量提升 0.05424（0.24 * 0.226）。由于低技术行业的绿色发展质量平均值为 1.15，因此海外研发投资水平提高 1 个标准差，平均意义上将带来绿色发展质量增长 4.72%（0.05424/1.15），这高于样本期内中技术行业绿色发展质量的年均增长率（3.94%）。

中技术行业虚拟变量与海外研发投资的交互项（$tech2 * osrd$）系数为负，且 t 检验在 5% 的显著性水平上拒绝了原假设，可知中技术行业中海外研发投资的系数为 -0.22，因此海外研发投资没有提高中技术行业的绿色发展质量。同样地，高技术行业虚拟变量与海外研发投资的交互项（$tech3 * osrd$）系数显著为负，高技术行业中海外研发投资的影响系数为 -0.04，这表明海外研发投资也未能促进高技术行业绿色发展质量的增长。本书认为可能的原因在于，一方面，相对于低技术行业，中国高技术行业与发达国家制造强国的技术研发能力存在更大的差距，因而海外研发投资不利于提升高技术行业发展质量；另一方面，高技术产业更加依赖于创新能力积累，以及研发活动的规模经济和范围经济效应，分散研发反而不利于提升制造业绿色发展质量。以上实证结果说明，海外研发投资对制造业绿色发展质量的影响存在行业差异，提高了低技术行业的绿色发展质量，却未能促进中高技术行业的绿色高质量发展。

从控制变量的影响系数来看，技术引进等非研发创新活动（$imptech$）的系数仍然显著为负，这与表 4-4 中对制造业总体考察的结果相同，不仅没有提高制造业绿色发展质量，而且阻碍了中国制造业的绿色转型。国内研发创新(*inrd*)对绿色发展质量的影响系数显著为负，表明国内研发创新活动有利于中国制造业提升绿色发展质量。进一步地，根据表 4-5 中列(3)的回归结果，我们发现国内研发创新提升一个标准差，平均意义上将导致低技术行业绿色发展质量增长 7.01%，始终高于海外研发投资的促进作用。与表 4-4 中回归结果不同的是，人力资本水平(*humcap*)的影响系数为正，且在 10% 水平上通过了显著性检验，表明人力资本积累有助于提升制造业绿色发展质量，其原因在于较高的人力资本水平不仅有助于培养从业人员节能环保意识，而且有利于节能环保技术的开发及产业化应用。资本劳动比(ln*kl*)的影响系数不显著，时间虚拟变量依然十分显著，且随着时间的推移，截距项系数逐渐增大，表明宏观政策环境、"绿色化"以及绿色发展理念的贯彻落实有助于提高制造业发展质量。

将中度竞争性行业变量虚拟变量(*soe*2)和低竞争性行业虚拟变量(*soe*3)分别与海外研发投资的交互项，纳入表 4-3 的基准回归模型，对应的回归结果列于表 4-6。

表 4-6　　海外研发投资对制造业高质量发展的影响：行业竞争差异

	(1)	(2)	(3)	(4)	(5)
osrd	−0.008 *	−0.004 **	−0.004 **	−0.003	−0.003
	(−1.96)	(−2.24)	(−2.17)	(−1.50)	(−1.43)
*soe*2 * *osrd*	−0.002	−0.004	−0.005	−0.007	−0.007
	(−0.70)	(−1.61)	(−1.67)	(−1.47)	(−1.50)
*soe*3 * *osrd*	0.019 ***	0.014 ***	0.015 ***	0.013 ***	0.013 ***
	(3.29)	(4.12)	(4.15)	(3.20)	(3.29)
imptech		−0.148 **	−0.210 **	−0.209 **	−0.208 **
		(−2.27)	(−2.61)	(−2.56)	(−2.59)
inrd			0.098 **	0.100 **	0.110 **
			(2.64)	(2.50)	(2.31)

续表

	（1）	（2）	（3）	（4）	（5）
humcap				0.939	1.013
				(1.19)	(1.22)
ln*kl*					−0.042
					(−0.51)
Yr2010	−0.294***	−0.412***	−0.315***	−0.293***	−0.296***
	(−337.41)	(−7.99)	(−6.33)	(−5.73)	(−5.38)
Yr2011	−0.258***	−0.330***	−0.258***	−0.246***	−0.251***
	(−370.88)	(−10.40)	(−8.05)	(−7.26)	(−6.47)
Yr2012	−0.186***	−0.226***	−0.176***	−0.169***	−0.173***
	(−289.28)	(−12.60)	(−8.88)	(−7.76)	(−6.65)
Yr2013	−0.065***	−0.083***	−0.051***	−0.039**	−0.041**
	(−130.64)	(−10.07)	(−4.56)	(−2.06)	(−2.16)
Yr2014	−0.041***	−0.048***	−0.033***	−0.032***	−0.033***
	(−56.95)	(−13.59)	(−6.61)	(−5.65)	(−5.16)
常数项	1.334***	2.881***	2.447***	2.377***	2.394***
	(420.37)	(4.22)	(3.75)	(3.79)	(3.68)
N	156	156	156	156	156
R^2-within	0.5390	0.5463	0.5492	0.5498	0.5500
F	5.733	6.255	21.639	2071.407	4004.231

注：括号内为 *t* 统计量，***、** 和 * 分别表示变量系数在 1%、5% 和 10% 水平下显著。

根据表 4-6 的估计结果发现，海外研发投资（*osrd*）的影响系数始终为负，且列（1）~列（3）至少通过了 10% 水平上的显著性检验，列（4）和列（5）的系数不具有显著性，这表明海外研发投资至少没有对高竞争性行业绿色发展质量产生正向影响。中度竞争性行业与海外研发投资的交互项（*soe2 * osrd*）的影响系数为负，也不具有统计显著性，说明海外研发投资也没有提升中度竞争性行业的绿色发展质量。由列（1）可知，低竞争性行业虚拟变量与海外研发投资的交互项（*soe3 * osrd*）系数为 0.019，且在 1% 水平上显著，因此海外研发投资对低竞争性行业的影响系数为 0.011，表明海外研发投资显著促进了低竞争性行业的绿色发展质量。本书认为可能的原因在于，低竞争性行业中包含的主要是一些国有垄断行业，如烟草制品业、石油加工、炼焦及核燃料加工业、黑色金属冶炼及压延加工业、有色金属冶炼及压延加工业以及交通运输设备制造业等，其中国有及国有控股企业占比较高。相比私营企业，国有企业承担了更多的社会责任，以及国有企业对政府政策和新发展理念的执行力度更大，因此更有可能通过海外研发投资获取国外先进的节能减排技术，提升制造业绿色发展质量。低竞争性行业海外研发投资水平的标准差为 4.54，一个标准差的变动将导致绿色发展质量提升 0.05，即平均意义上海外研发投资提高一个标准差，低竞争性行业绿色发展质量增长 3.9%（0.05/1.27），相当于低竞争性行业绿色发展质量年均增速的 62%。

其他控制变量的影响系数没有发生显著变化，其中技术引进等非研发创新活动的影响系数显著为负，国内研发创新活动显著提升了制造业绿色发展质量，人力资本水平和资本劳动比的影响系数不显著。此外，年份虚拟变量系数仍然表现出逐年递增的趋势，说明国内政策环境、绿色发展理念逐步贯彻有利于促进制造业向绿色发展转型。

4.4.2 内生性检验

尽管实证分析中海外研发投资水平采用海外研发投资与工业增加值之比这一相对数指标，可以有效地降低模型存在内生性的可能性，但为了排除潜在内生性对估计结果的干扰，采用动态面板模型的广义矩估计（GMM）方法，将海外研发投资及其交互项、国内研发创新、技术引进等非研发创新等变量自身的滞后 2 期分别作为工具变量，进行了稳健性检验，估计结果列于表 4-7。

根据表 4-7 中二阶自相关检验可知，各个模型均没有在 5% 显著性水平下拒绝不存在二阶序列相关的原假设，表明模型的设定较为合理；Sargan 检验同样没有拒绝模型存在过度识别的原假设，表明所有工具变量的选择是合理且有效的。第(1)列和第(2)列中海外研发投资(osrd)的系数不显著，表明海外研发投资整体上没有提高制造业绿色发展质量；第(3)~(4)列的估计结果表明，海外研发投资促进了低技术行业的绿色发展质量，但没有提升中高技术行业的绿色发展质量；第(5)列和第(6)列中，低竞争性行业虚拟变量与海外研发投资(soe3 * osrd)系数

表 4-7　稳健性检验结果

	(1)	(2)	(3)	(4)	(5)	(6)	(7)	(8)
L. gquality	0.664***	0.648***	0.588	0.537	0.617***	0.621***	0.634***	0.644***
	(5.421)	(5.535)	(1.326)	(1.397)	(4.936)	(5.164)	(5.583)	(6.318)
osrd	−0.004	−0.004	0.666**	0.583*	−0.020***	−0.020**	−0.054**	−0.051*
	(−0.876)	(−0.554)	(2.071)	(1.956)	(−2.841)	(−2.733)	(−2.045)	(−1.724)
tech2 * osrd			−0.748**	−0.662**				
			(−2.231)	(−2.049)				
tech3 * osrd			−0.670**	−0.584**				
			(−2.099)	(−1.962)				
soe3 * osrd					0.014**	0.016**		
					(2.486)	(2.463)		
osrd * imptech							0.004**	0.004*
							(1.979)	(1.727)
N	156	156	130	130	156	156	156	156
AR(2)	−1.83	−1.84	−0.69	−0.90	−1.83	−1.84	−1.81	−1.82
	(0.067)	(0.066)	(0.493)	(0.368)	(0.067)	(0.066)	(0.070)	(0.069)
Sargan	35.57	35.47	10.76	12.92	52.17	53.58	40.15	39.68
	(0.100)	(0.102)	(0.932)	(0.843)	(0.428)	(0.375)	(0.252)	(0.269)

注：限于篇幅，省略控制变量、年份虚拟变量及常数项系数，括号内为 t 统计量，***、** 和 * 分别表示变量系数在 1%、5% 和 10% 水平下显著。

显著为正；第(7)和(8)列中海外研发投资与技术引进等非研发创新交互项(*osrd* * *techimpt*)系数显著为正，表明海外研发投资与技术引进等非研发创新活动存在协同效应。综上可知，在控制了内生性问题的情况下，本章实证分析的结果依然具有稳健性。

4.5　本章小结

本章考虑生产制造环节中的价值增值效率以及节能减排因素，采用 DEA—GML 指数测算了中国制造业细分行业的绿色发展质量，实证考察了海外研发投资对制造业绿色发展质量的影响，比较分析海外研发投资影响绿色发展质量的行业差异，并基于技术开发"引进来"与"走出去"战略协同的视角，探讨了海外研发投资行为与技术引进、消化吸收等行为的协同效应。本章研究得出的以下主要结论：

第一，2009—2015 年中国制造业总体绿色发展质量年均提高 4.63%，且主要来源于绿色技术进步；从不同技术水平行业来看，中、高技术行业的绿色发展质量的提升速度高于低技术行业；从行业竞争性程度来看，国有垄断(低竞争性)行业绿色发展质量的年均增长速度高于中、高竞争性行业。

第二，从制造业总体来看，中国海外研发投资整体上没有提升制造业总体绿色发展质量。双向固定效应回归结果显示，海外研发投资对制造业总体的绿色发展质量影响不显著，且这一结果在控制内生性问题后仍然成立。自身技术研发能力较差、研发活动依赖规模经济和范围经济效应，以及海外研发机构面临外来者劣势和较高的沟通成本与协调成本，是导致海外研发投资没有提升绿色发展质量的原因。

第三，海外研发投资对绿色发展质量的影响存在显著的行业差异。从制造业细分行业的技术差异来看，中国海外研发投资显著促进了低技术行业绿色发展质量的提升，但尚未对中、高技术行业绿色发展质量产生提升效应；从制造业细分行业的竞争程度差异来看，中国海外研发投资有利于提升国有垄断行业绿色发展质量，但没有对中、高竞争性行业绿色发展质量的改善产生效果。

第四，海外研发投资行为与技术引进等行为间存在显著的协同效应。一方面，海外研发投资有利于改善技术引进行为对制造业绿色发展质量的作用效果；
另一方面，技术引进行为强化了海外研发投资对制造业绿色发展质量的提升效
应，这表明"引进来"和"走出去"战略互动有助于促进中国制造业实现绿色高质
量发展。

第 **5** 章 | 应对金融 "两面性":
金融发展与科技创新协同的
高质量发展路径

自 20 世纪 80 年代以来,随着国际贸易壁垒和交通运输成本的下降,同一产品内的不同生产环节和工序被拆解与分割,并被跨国公司安排和分散在不同国家和地区进行生产,形成了全球价值链(Global Value Chain,GVC)分工模式。中国等发展中国家凭借自身比较优势嵌入发达国家跨国公司主导的全球价值链,从事劳动密集型的加工和组装生产环节的分工,尽管经济总量和出口规模均实现快速增长,但也被"俘获"和"锁定"在全球价值链的低端环节(刘志彪和张杰,2007)。因而,提升中国在全球价值链中的分工收益和地位,促进产业迈向全球价值链中的高端环节,是新时代背景下中国经济在对外贸易层面实现高质量发展的必然要求和重要体现。

5.1 金融体系作用的"两面性"与解释思路

随着全球价值链分工模式成为国际分工的主要形式,一国经济的竞争力与产业的发展质量不仅体现在经济产出和出口贸易规模增长,更大程度上与能够综合反映贸易增加值收益状况的全球价值链分工地位有关。作为国际分工的新型比较优势,金融发展对提升一国全球价值链分工地位的重要性得到一些学者的关注(顾磊和杨倩雯,2014;张杰,2015;盛斌和景光正,2019)。基于融资约束的视角,吕越和吕云龙(2016)在探讨中国制造业如何实现价值链升级时发现,较低的融资约束促进了中国制造业的全球价值链升级,当融资约束程度较高时,将导致制造业向价值链的低端化发展;高运胜等(2018)的实证研究也表明,融资约束与中国企业在全球价值链中的地位具有"倒 U 形"关系。特别是,面临较高融资约束的企业无法覆盖出口的固定成本和沉没成本,甚至会削减研发投入和设备等固定资产投资,将抑制出口产品质量提升和企业在全球价值链中升级(Manova 和 Yu,2016;吕越和吕云龙,2016;马述忠等,2017;刘晴等,2017;高运胜等,2018),这为一国金融发展通过缓解企业的融资约束进而提升全球价值链分工地位提供了侧面证据。邵昱琛等(2017)采用中国工业企业数据库与海关数据库的微观数据实证分析表明,中国地区层面金融发展水平的提高,有利于通过降低企业参与国际贸易的成本压力,促进其攀升全球价值链。盛斌和景光正(2019)基于42 个经济体的跨国面板数据实证结果表明,市场型金融结构和金融发展均有助于提升一国的全球价值链分工地位。

　　另一些文献却发现金融体系发展没有发挥促进作用甚至抑制了出口产品质量。张杰(2015)研究发现，金融发展并没有对融资约束与出口产品质量的"倒 U 形"关系造成影响，中国现阶段的金融市场化改革甚至加剧了民营企业融资约束对出口产品质量的抑制效应。顾磊和杨倩雯(2014)构建两部门模型分析了直接和间接金融发展对垂直专业化分工的影响，并且实证研究发现，不同区域金融体系发展对垂直专业化分工的地位影响不同，泛长三角地区直接和间接金融发展规模扩大均不利于提升加工贸易增加值率，环渤海地区直接金融发展显著提升了加工贸易增加值率，但间接金融发展没有促进作用，甚至呈现抑制效应，泛珠三角地区间接金融发展对增加值率具有显著正向效应，但直接金融发展的影响不显著。由此可知，与金融体系对经济增长的作用类似，金融体系对贸易增加值收益和全球价值链分工地位的作用也具有"两面性"。

　　从其他影响因素来看，科技创新对全球价值链分工地位的提升效应已经得到一些文献的验证(杨高举和黄先海，2013)，黄灿和林桂军(2017)实证发现发展中国家研发投入与价值链分工地位呈正相关，诸竹君等(2018)的研究结果显示，自主创新通过影响加成率和相对价格等途径提升了企业出口的国内附加值率，张玉和胡昭玲(2016)构建联立方程模型的实证检验发现，研发创新是提升价值链分工地位的重要力量。另有一些文献强调了人力资本对于一国攀升全球价值链的重要性(戴翔和刘梦，2018)。卢福财和罗瑞荣(2010)认为在全球价值链分工条件下，具有能动性和可再生性的人力资源质量可以增强一国的技术开发和吸收能力，有利于参与价值链的高附加值环节或者嵌入高端价值链，从而实现功能升级和链条升级。彭伟辉(2019)的研究表明，创新型人力资本积累有利于提高企业在全球价值链中的地位，渐进性创新人力资本积累提升了短期价值链高度，而突破性创新人力资本积累可以提高长期价值链高度。

　　既有文献关于金融发展对全球价值链分工地位和贸易增加值收益的影响存在"两面性"，这表明金融发展对全球价值链分工的实际影响可能依赖于某些条件，或者受到其他因素的调节作用。科技创新和人力资本不仅是全球价值链分工地位的重要驱动因素，而且是金融发展影响全球价值链分工的关键渠道(盛斌和景光正，2019)。金融发展一方面可以通过缓解企业和个体的融资约束，促进科技创新投资和研发人力资本积累；另一方面，脱离科技创新和人力资本投资的金融部门自我膨胀，将导致实体部门在逐利动机下增加金融资产配置，创新型人才在薪酬激励下涌入金融部门，这将不利于科技创新和人力资本积累。因而，金融发展与科技创新、人力资本的协同程度可能将影响全球价值链分工地位的提升效果，但尚没有研究对此进行探讨。

针对金融体系作用的"两面性"，本章将全球价值链分工地位提升作为中国制造业高质量发展的重要目标和方向，从金融发展与科技创新、人力资本协同发展的视角，分析金融发展影响全球价值链分工地位的作用机理，并提出研究假设，采用全球 42 个经济体 2000—2014 年的面板数据，实证检验金融发展及其与科技创新、人力资本协同对一国全球价值链分工地位的影响。

5.2 金融发展影响全球价值链地位的机理与研究假设

5.2.1 全球价值链分工与高质量发展

同一产品的不同技术工序和生产环节(包括设计、研发、生产、组装、营销和售后等)被拆解和分割，导致价值链向全球范围内延伸和布局，形成了全球价值链分工模式。Porter(1985)指出，不同生产环节的附加值分布并不均匀，有的环节创造高附加值，有的环节的附加值含量很低。来自发达国家跨国公司掌握着研发设计和关键核心零部件制造等技术环节，并通过建立全球营销与售后服务网络，占据"微笑曲线"两端的高附加值环节；发展中国家只能从事组装生产等中间环节，附加值含量较低(Kaplinsky，2000；黄灿和林桂军，2017；盛斌和景光正，2019)。Gereffi(1999)阐述了东亚地区服装业生产方式从完全代工生产(OEM)到自主设计贴牌生产(ODM)再到自创品牌生产(OBM)的转变过程，这种从中间低端环节逐步向研发设计和品牌营销与售后等两端高价值环节的过渡，实际上反映了一国产业全球价值链分工地位的提升过程，亦是制造业高质量发展在全球价值链分工收益层面的重要表现。

相对于全球价值链的中间组装制造环节，位于两端的研发设计和营销售后等环节更加依赖活跃的科技创新投资与创新型人力资源。这意味着，一国产业的全球价值链分工地位的提升和高质量发展离不开科技创新和人力资本积累的支撑。

5.2.2 金融发展对全球价值链地位的作用机理

金融发展之所以影响一国的全球价值链分工地位，主要的作用机制在于金融发展对激励科技创新和促进人力资本积累的重要作用(盛斌和景光正，2019)。

金融发展对科技创新投资具有促进作用。首先，金融发展通过动员储蓄，拓宽了企业研发项目的外部融资渠道。企业的研发创新投资属于长期性投资，资金的需求量较大且融资期限较长，单纯内源融资难以满足，金融体系的发展通过动员储蓄并搭建资金供求双方的中介平台，提高了企业研发项目获取外部融资的可能性。林毅夫等(2009)的研究指出，金融发展特别是中小银行的发展有利于拓宽创新型中小企业的外部融资渠道。其次，金融体系降低了创新型企业的外部融资成本，并提升资金的配置效率。由于资金供给方与创新型企业的信息不对称以及道德风险的存在，投资者会索要"柠檬溢价"作为潜在风险的补偿，因此创新型企业将面临较高的外部融资成本(Hall & Lerner，2010)。金融体系特别是股票市场可以克服道德风险和逆向选择问题，降低企业外部融资成本，从而促进了外部融资依赖程度较高产业的创新(Hsu et al.，2014；张杰和高德步，2017)。最后，金融体系的发展可以分散与创新相关的风险，为更多的创新项目提供资金支持。企业研发项目具有较高的不确定性和风险，金融市场将企业的高风险项目分散到众多的投资者，投资者通过金融市场将资金分散到不同的项目，通过风险分散使得更多的创新项目得以实施(Allen & Gale，1999)。Nanda & Rhodes-Kropf(2016)的研究发现，大萧条时期银行体系的崩溃同时降低了创新专利产出的数量和质量，这印证了银行体系对企业创新活动的促进效应。Meierrieks(2014)基于 51 个国家 1993—2008 年的数据发现，金融中介的发展确实促进企业家的创新活动。Hsu et al. (2014)采用 32 个国家的数据实证发现，在金融市场发达的国家中，外部融资依赖较高的行业和风险较高的高技术行业的技术创新数量和质量均较高，表明金融市场发展通过降低外部融资成本和分散创新风险等方式促进了技术创新。

金融发展对人力资本积累具有促进效应。首先，金融发展通过缓解个体面临的信贷约束，促进了教育人力资本方面的投资。信贷市场的发展为理性人的借贷行为提供便利，有利于刺激个体进行人力资本投资动机。Galor & Zeria(1993)指出，信贷市场的不完善将降低个体对借贷的可及性，同时增加了借贷的成本，总体上抑制了社会的教育人力资本投资水平。Shultz(1993)认为，由于存在信贷约束，即使教育的回报率很高，低收入家庭也无法进行足够的教育投资。金融发展一方面增加贫困家庭对信贷资源的可及性，另一方面信贷市场的发展降低了个人的借贷成本，从而缓解了个体的融资约束。其次，金融体系发展为企业提供了外部资金，有利于企业加大在职培训等非教育人力资本方面的投资。Becker(1962)指出，外部融资渠道的缺乏将抑制企业有效的培训投资，一方面由于面临融资约束的企业不能支付超过雇员培训期间边际产出的工资，另一方面雇员也不愿接受较低的工资。Popov(2014)基于来自25个转型经济体的8265个中小型企业的数据研究发现，外部融资渠道不畅通对企业层面培训具有负向效应，面临信贷约束的企业提供在职培训的概率比不受外部融资约束的企业低9.3%，且这种负向效应在熟练劳动密集型行业和具有全球化扩张机会的行业中更大。最后，金融发展有利于促进海外人力资本回流(盛斌和景光正，2019)，并产生知识溢出效应。李平和许家云(2011)研究发现，当金融发展达到一定水平并且融资效率较高时，海归选择从外资企业离职并回国创立新企业的概率更高。陈怡安(2016)同样发现，海归回流产生的知识溢出效应依赖金融发展水平，只有金融发展跨越一定门槛时，海归回流将对回流国的技术进步产生正向促进效应。由上述分析可知，金融体系的发展通过为创新型企业以及研发投资项目提供融资，以及缓解个人的信贷约束，促进了一国的科技创新和创新型人力资本积累。

然而，脱离科技创新投资和人力资本投资的金融体系自我膨胀和过度发展也存在一些负面影响。金融体系偏离实体企业的融资需求而自我发展，会将资金配置到高风险的经济投机活动中，增加了出现系统性风险的可能性(Allen & Carletti，2006；Gai et al.，2008)。当这些投资和信贷扩张得不到预期的收益时，坏账率高的企业将导致信贷市场崩溃甚至发生金融危机(Borio & Lowe，2002)，2008年发生的次贷危机就较好地说明了这一点。系统性金融危机的发生将导致需求萎缩，这破坏了实体经济企业的正常经营活动，不利于企业在全球价值链中实现升级。需要指出的是，由于研发创新投资带来的技术进步，通常伴随着高额的垄断收益，这有助于降低金融体系的坏账率和违约风险，因此科技创新投资在一定程度上降低了发生系统性危机的概率（Ductor & Grechyna，2015）。这意味着，当金融体系伴随着实体经济科技创新投资需求扩张而持续发展时，将有利于降低发生金融危机的概率，从而对全球价值链分工地位产生提升效应。

金融体系过度膨胀将导致创新资源的错配。一方面，金融部门自我膨胀产生的高收益为实体经济部门提供了不良激励，导致非金融企业减少科技创新投资并增加金融资产投资。Orhangazi（2008）采用 1973—2003 年美国非金融企业数据的研究发现，非金融企业从金融资产投资中获得更多的利润，这不仅改变了对企业管理人员的激励，而且对金融资产的支付减少了可供使用的内部资金，将对自身实体投资产生"挤出效应"；王红建等（2016）认为，由于金融业和房地产行业的高额利润导致实体企业采取跨行业套利行为，在资源有限的情况下抑制了企业创新投资，并且降低了企业创新的意愿。另一方面，金融部门的扩张和吸引高素质和创新型人力资源进入金融部门，导致研发部门的人力资本配置不足（Ang，2011）。Murphy et al.（1991）指出，美国那些极具天赋的人才涌向金融服务部门可能是导致创新增长率低的原因，李静等（2017）认为薪酬激励导致具有创新潜力的科技人才选择非生产性和非创新性的部门就业，而创新部门由于缺乏高质量人力资本导致中国创新绩效低下。

5.2.3　金融发展与科技创新协同的研究假设

综上可知，金融发展一方面通过缓解科技企业和个体面临的融资约束，激励企业科技创新投资和促进研发人力资本积累，对全球价值链分工地位产生提升效应；另一方面，脱离实体经济创新的金融体系自我发展将积累系统性风险并导致创新资源错配，对全球价值链分工地位产生抑制效应。因此，金融发展对全球价值链分工地位的实际影响取决于其与实体经济科技创新和研发人力资本的协同发展程度。当金融体系发展服务于科技创新投资和研发人力资本积累时，金融发展与科技创新、人力资本实现协同发展，将对全球价值链分工地位产生显著促进效应；当金融体系偏离科技创新投资和研发人力资本积累的服务功能而自我循环膨胀时，将导致系统性风险累积并减少企业研发投资，创新型人力资本过度配置到金融部门，这不利于全球价值链分工地位的提升。基于此，本章提出如下研究假设：

假设 5-1：当金融发展脱离实体经济科技创新投资需求时，将对全球价值链分工地位产生抑制效应，即金融发展与科技创新协同对全球价值链分工地位具有显著促进作用。

假设 5-2：当金融发展脱离服务创新型人力资本积累时，将对全球价值链分工地位产生抑制效应，即金融发展与创新型人力资本协同对全球价值链分工地位具有显著促进作用。

5.3 计量模型、变量与数据

5.3.1 计量模型设定

为了实证检验金融体系发展对不同经济体参与全球价值链分工地位的影响，借鉴盛斌和景光正（2019）等相关文献的模型设定思路，构建如下计量模型：

$$gvc_{it} = \alpha_0 + \alpha_1 fd_{it} + \sum_{j=2}^{T}\alpha_j x_{it}^j + \mu_i + \varepsilon_{it} \tag{5-1}$$

其中，gvc_{it} 表示不同经济体参与全球价值链分工的经济地位；fd_{it} 表示不同经济体的金融发展水平；x_{it}^j 表示其他可能影响全球价值链分工地位的变量，这里主要包括制度质量（$quality_{it}$）、贸易开放程度（$trade_{it}$）、政府支出规模（gov_{it}）、外商直接投资水平（fdi_{it}）、生产技术水平（tfp_{it}）以及人力资本水平（hci_{it}）等；μ_i 表示不随时间变动的国家效应，ε_{it} 是随机扰动项，i 和 t 分别表示国家和时间年份。

为了实证考察金融发展分别与科技创新、研发人力资本协同对全球价值链分工地位的影响，在式（5-1）的基础上分别纳入金融发展与科技创新、研发人力资本的协同变量，如式（5-2）式（5-3）所示：

$$gvc_{it} = \alpha_0 + \alpha_1 fd_{it} + \alpha_2 fd\_rd_{it} + \sum_{j=3}^{T}\alpha_j x_{it}^j + \mu_i + \varepsilon_{it} \tag{5-2}$$

$$gvc_{it} = \beta_0 + \beta_1 fd_{it} + \beta_2 fd\_hc_{it} + \sum_{j=3}^{T}\beta_j x_{it}^j + \mu_i + \varepsilon_{it} \tag{5-3}$$

其中，fd_rd_{it} 和 fd_hc_{it} 分别表示金融发展与科技创新、研发人力资本的协同水平，采用金融发展速度与科技创新投资速度之差、金融发展速度与研发人力资本积累速度之差作为反向衡量指标。如果式（5-2）中 fd_rd_{it} 的系数 α_2 为负，表示金融发展速度与科技创新投资速度存在较大偏差时，即金融体系偏离科技创新投资需求自我膨胀和发展，将对全球价值链分工地位产生抑制作用，这意味着实现金融发展与科技创新协同发展将有利于提升一国的全球价值链分工地位。同样地，如果式(5-3)中 fd_hc_{it} 的系数 β_2 显著为负，表示金融发展与人力资本协同对全球价值链分工地位具有显著提升效应。

为了进一步探讨金融发展与科技创新、人力资本协同(fd_rd_{it} 和 fd_hc_{it})如何影响金融发展(fd_{it})对全球价值链分工地位的效应，在式(5-1)基础上纳入两者交互项，如式(5-4)和式(5-5)所示：

$$gvc_{it} = \alpha_0 + \alpha_1 fd_{it} + \alpha_3 fd_{it} * fd\_rd_{it} + \sum_{j=4}^{T} \alpha_j x_{it}^j + \mu_i + \varepsilon_{it} \qquad (5\text{-}4)$$

$$gvc_{it} = \beta_0 + \beta_1 fd_{it} + \beta_3 fd_{it} * fd\_rd_{it} + \sum_{j=4}^{T} \beta_j x_{it}^j + \mu_i + \varepsilon_{it} \qquad (5\text{-}5)$$

如果式(5-4)中交互项系数 α_3 为负，表示金融体系脱离科技创新需求的过度发展和自我膨胀，将降低金融发展对全球价值链分工地位的促进效应，这意味着金融体系与科技创新的协同发展将提升金融体系对全球价值链分工地位的促进作用。同样地，式(5-5)中交互项系数 β_3 显著为负，则表明金融发展与人力资本积累的偏离将降低金融发展对全球价值链分工地位的促进作用。

5.3.2　变量测度

全球价值链分工地位的测度。目前，学术界主要采用出口国内增加值率、出口的上游度指数以及全球价值链地位指数(GVC_Position)等指标衡量一国参与全球价值链分工的地位状况(戴翔和刘梦，2018)。在上述测度指标中，Koopman et al.(2010)提出的 GVC_Position 指数不仅涉及一国出口中包含的国外增加值状况，而且考虑一国从其他国家出口中吸收的国内增加值含量，综合反映出一个国家参与全球价值链分工的价值增值能力和收益状况，从而在现有研究中获得广泛使用(盛斌和景光正，2019)。遵循第 3 章的测度思路，本章亦借鉴 Koopman et al.(2010)的方法测度不同国家参与全球价值链分工的地位，用以反映出口贸易层面的高质量发展水平。其测度公式如下：

$$gvc_{it} = \ln\left(1 + \frac{IV_{it}}{E_{it}}\right) - \ln\left(1 + \frac{FV_{it}}{E_{it}}\right) \qquad (5\text{-}6)$$

其中，IV_{it} 表示其他国家出口中包含的国家 i 在 t 年的间接国内增加值，FV_{it} 表示国家 i 在 t 年出口中包含的国外增加值，E_{it} 表示国家 i 在 t 年的总出口。这一指标构建的基本逻辑思路是，如果一国从其他国家出口中吸收的增加值大于本国出口中包含的其他国家增加值，表明这个国家在全球价值链分工模式中占据较高的地位，同时囊括不同生产环节的物理地位和分工收益的经济地位。

金融发展。本章借鉴 Rajan 和 Zingales（1998）的做法，采用国内私人部门信贷总额与股票市场价值之和与 GDP 的比例作为金融发展的衡量指标。考虑一些研究指出经济发展中金融结构的重要性（林毅夫等，2009），随着一国经济的不断发展，银行主导型金融发展对经济增长的作用逐步减小，而市场主导型金融发展的贡献逐步增加，且偏离最优金融结构与较低的经济产出水平相关联（Demirguc-Kunt，Feyen & Levine，2011）。为了区分银行型金融体系发展与市场型金融体系发展对全球价值链分工地位的不同影响，本章将国内私人部门信贷总额与 GDP 之比作为银行型金融体系发展的测度指标，将股票市场价值与 GDP 之比作为市场型金融发体系展的测度指标。

金融发展与科技创新的协同。借鉴 Ductor 和 Grechyna（2015）的思路，采用金融发展速度与科技创新投资增长速度之差作为反向代理指标。这一指标反向测度了金融发展与科技创新的协同程度，其值越小表示金融发展与科技创新的协同程度越高，表明此时银行和股票市场的发展以服务实体经济科技创新投资和融资需求为目的；相反，其值越大则意味着银行等金融机构和股票市场发展速度超过科技创新投资速度，金融体系偏离服务实体部门科技创新需求而过度发展甚至膨胀，金融发展与科技创新的协同水平越低，经济具有"脱实向虚"的倾向。

金融发展与人力资本协同。遵循与上一指标同样的构造思路，采用金融发展速度与研发人力资本积累速度之差作为金融发展与人力资本协同变量的反向代理指标。

制度质量。作为国家比较优势的重要来源，政治稳定、市场化、法治水平、政府效率以及腐败治理等外部制度质量改善可以降低价值链分工的交易成本，特别是，位于微笑曲线两端的研发设计、营销售后等环节对制度质量和交易成本更为敏感（戴翔和郑岚，2015），从而影响一国参与全球价值链分工的地位。本章采用世界银行发布的世界治理指数（WGI）衡量不同国家制度质量，具体地将 WGI 数据库中政府有效性、腐败控制、政治稳定以及杜绝暴力与恐怖主义、法律治理、监管质量、发言权与问责制六个方面指数的算术平均值作为国家制度质量的测度指标。

贸易开放水平。借鉴既有的通常做法，将贸易开放水平作为控制变量，采用货物与服务进口与出口总值占 GDP 的比重衡量。

政府支出规模。政府消费支出会降低经济的储蓄率，且通过税收扭曲效应抑制经济增长，借鉴 Ductor 和 Grechyna（2015）的做法，采用政府消费支出占 GDP 的比重衡量。

外商直接投资。外商直接投资是跨国技术溢出的重要途径，来自跨国企业的先进技术与管理经验可以通过人员流动效应、示范效应和竞争效应等影响东道国的技术水平（Bitzer & Kerekes，2008）。然而，也有文献认为出于效率寻求动机的外商投资主要利用东道国的低成本劳动力资源，从而使得东道国企业被锁定在劳动密集型生产环节，不利于实现全球价值链攀升（毛其淋和许家云，2018）。这里采用对内直接投资的对数衡量外商直接投资水平。

技术水平。一国的技术水平与世界技术前沿的距离越近，通常越能够占据生产链条上的高附加值环节，因而其全球价值链分工的地位也越高。借鉴林志帆和龙晓旋（2015）的做法，本章构造跨国层面与时序层面同时具有可比性的全要素生产率序列，将各个国家的现价 TFP（$ctfp_{it}$）与美国的实际 TFP（$rtfp_{it}^{usa}$）相乘得到，即 $tfp_{it} = ctfp_{it} * rtfp_{it}^{usa}$。

人力资本。作为高级生产要素，人力资本是影响一国全球价值链分工地位的重要因素（戴翔和刘梦，2018）。卢福财和罗瑞荣（2010）认为在全球价值链分工的条件下，具有能动性和可再生性的人力资源质量可以增强一国的技术开发和吸收能力，有利于参与价值链的高附加值环节或者嵌入高端价值链。本章采用 Feenstra et al.（2015）基于平均受教育年限和教育回报率计算的人力资本指数作为测度指标。

5.3.3　数据来源

实证分析中使用的数据涉及多个来源，其中被解释变量——不同经济体全球价值链分工地位指标的测算数据来源于使用世界投入产出表数据库（WIOD2016）。这一数据库给出了 2000—2014 年 43 个经济体 56 个行业的投入与产出技术关系，为了方便与其他变量数据匹配，本章只保留了不包含中国台湾地区在内的其他

42 个经济体全球价值链分工地位数据。核心解释变量——金融发展数据来自世界银行发布的全球金融发展数据库（GFDD），制度质量数据来自世界治理指数（WGI），技术水平（tfp_{it}）和人力资本指数（hci_{it}）测算所需的数据来源于佩恩世界表（Penn World Table 9.0），计算金融发展与科技创新协同水平所需的 R & D 经费与 GDP 之比的数据来源于联合国教科文组织数据库（UIS），其余数据均来自世界发展指数（WDI）数据库。本章采用数据的样本区间范围是 2000—2014 年，为了消除不同年份价格变动的影响，相关数据的单位均折算为 2011 年的不变价美元。主要变量的符号、名称、计算方法及数据见表 5-1。

表 5-1   变量的定义与数据来源

符号	变量名称	计算方法	原始数据来源
gvc	全球价值链分工地位	借鉴 Koopman et al. (2010) 方法计算	世界投入产出数据库（2016）
fd	金融发展	（国内私人部门信贷总额+股票市场价值）/GDP	全球金融发展数据库
fdc	银行主导型金融发展	国内私人部门信贷总额/GDP	全球金融发展数据库
fdm	市场主导型金融发展	股票市场价值/GDP	全球金融发展数据库
fd_rd	金融发展与科技创新协同（反向指标）	金融发展速度与科技创新投资速度之差	联合国教科文组织数据库
fdc_rd	银行主导型发展与科技创新协同（反向指标）	银行主导型发展速度与科技创新投资速度之差	联合国教科文组织数据库
fdm_rd	市场主导型发展与科技创新协同（反向指标）	市场主导型发展速度与科技创新投资速度之差	联合国教科文组织数据库
fd_hc	金融发展与研发人力资本协同（反向指标）	金融发展速度与研发人力资本积累速度之差	联合国教科文组织数据库
fdc_hc	银行主导型发展与研发人力资本协同（反向指标）	银行主导型发展速度与研发人力资本积累速度之差	联合国教科文组织数据库

续表

符号	变量名称	计算方法	原始数据来源
fdm_hc	市场主导型发展与研发人力资本协同(反向指标)	市场主导型发展速度与研发人力资本积累速度之差	联合国教科文组织数据库
quality	制度质量	世界治理指数 6 个指标平均值	世界治理指数
infra	基础设施建设	每百人电话、手机与互联网用户人数的平均值	世界发展指数
trade	贸易开放	货物与服务进口与出口总额/GDP	世界发展指数
gov	政府支出规模	政府消费支出/GDP	世界发展指数
ifdi	外商直接投资	外商直接投资的对数值	世界发展指数
tfp	技术水平	全要素生产率	佩恩世界表 9.0
hci	人力资本	人力资本指数	佩恩世界表 9.0

资料来源：作者整理。

主要变量的描述性统计见表 5-2。

表 5-2　　　　　　　　　　变量的描述性统计

变量	观测值	均值	标准差	最小值	中位数	最大值
gvc	630	−0.044	0.131	−0.43	−0.039	0.378
fd	600	1.465	0.832	0.079	1.387	4.208
fdc	624	0.886	0.508	0.002	0.85	2.533
fdm	606	0.582	0.459	0.007	0.448	2.637
fd_rd	519	0.006	0.139	−0.929	−0.003	1.083
fdc_rd	545	0.019	0.354	−5.398	0.013	5.621
fdm_rd	525	−0.014	0.244	−0.778	−0.01	1.203
fd_hc	456	−0.011	0.149	−0.962	−0.019	0.866

续表

变量	观测值	均值	标准差	最小值	中位数	最大值
fdc_hc	482	−0.001	0.374	−5.432	−0.006	5.404
fdm_hc	462	−0.027	0.251	−0.729	−0.025	1.203
quality	630	0.902	0.72	−0.912	0.991	1.97
trade	630	0.931	0.586	0.198	0.779	3.928
gov	630	0.183	0.038	0.065	0.187	0.279
ifdi	593	4.998	1.707	−3.26	5.195	8.772
tfp	630	0.748	0.23	0.246	0.743	1.594
hci	630	3.08	0.45	1.782	3.15	3.734

资料来源：采用 STATA 软件计算。

5.4　金融发展与科技创新协同的高质量发展效应检验

由于面板数据中包含时间趋势成分，变量序列可能是非平稳的。为了避免变量存在单位根而出现"伪回归"现象，在回归分析之前需要对本章中涉及的主要变量进行单位根检验。由于部分变量在某些年份存在数据缺失，采用面板 ADF 方法进行检验（xtfisher 命令），结果显示所有变量均在至少 5% 水平上拒绝了存在单位根的原假设，表明本章所采用的面板数据是平稳的，可以通过回归分析考察变量之间的关系。

5.4.1　基准回归结果

（1）金融发展与科技创新协同的作用。为了避免异方差、序列相关以及截面相关等问题的存在对面板模型系数的统计推断产生干扰，采用能够综合考虑上述问题的 Driscoll & Kraay（1998）方法调整标准误。F 检验均在较高的置信水平上拒绝了原假设，表明国家个体效应十分显著。采用面板固定效应模型对式（5-1）、式（5-2）和式（5-4）进行估计，回归结果如表 5-3 所示。

表 5-3　　金融发展与科技创新协同影响全球价值链分工地位的回归结果

	(1)	(2)	(3)	(4)	(5)	(6)
fd	0.021***	0.022***	0.023***	0.015***	0.015***	0.015***
	(0.004)	(0.005)	(0.005)	(0.004)	(0.004)	(0.004)
fd_rd		−0.031***			−0.027***	
		(0.009)			(0.009)	
*fd * fd_rd*			−0.024***			−0.021***
			(0.005)			(0.005)
quality	0.021	0.021	0.022	0.016	0.017	0.018
	(0.015)	(0.019)	(0.020)	(0.016)	(0.020)	(0.020)
trade	−0.142***	−0.142***	−0.143***	−0.148***	−0.147***	−0.148***
	(0.013)	(0.013)	(0.014)	(0.012)	(0.012)	(0.013)
gov	−0.228**	−0.344***	−0.360***	−0.223**	−0.302***	−0.320***
	(0.096)	(0.084)	(0.092)	(0.106)	(0.105)	(0.108)
ifdi	0.001	0.001*	0.001	0.000	0.001	0.001
	(0.001)	(0.001)	(0.001)	(0.001)	(0.001)	(0.001)
hci				0.036**	0.041***	0.044***
				(0.014)	(0.007)	(0.007)
tfp				0.055***	0.067***	0.068***
				(0.014)	(0.017)	(0.016)
常数项	0.077***	0.094***	0.095***	−0.054	−0.070***	−0.076***
	(0.011)	(0.017)	(0.017)	(0.038)	(0.019)	(0.023)
N	567	494	494	567	494	494
Within R^2	0.4621	0.4713	0.4666	0.4797	0.4928	0.4897
F	86.283	58.217	93.683	148.733	115.961	225.017

注：括号内为稳健型标准误，*、** 和 *** 分别表示 $p<0.1$，$p<0.05$，$p<0.01$。

表 5-3 第(1)~(3)列是模型中只控制了制度质量、贸易开放、政府支出规模和外商直接投资等变量的估计结果。由第(1)列结果可知，金融发展的估计系数为 0.021，且在 1% 水平上显著，表明金融发展与全球价值链分工地位之间呈现

显著的正相关关系。一国的金融发展水平对该国全球价值链分工地位具有显著正向效应，在其他条件不变的情况下，金融发展水平每增加 1 个单位会导致全球价值链分工地位提高 2.1 个百分点。这与已有文献的结果具有一致性，如盛斌和景光正(2019)对跨国面板数据的考察显示，金融发展有利于提升一国的全球价值链地位；邵昱琛等(2017)采用中国工业企业数据库与海关数据库的合并数据进行研究发现，中国地区金融发展水平的提高通过缓解企业进出口的成本压力，提升了中国企业出口附加值率。不同国家的金融发展程度决定了其参与全球价值链分工的比较优势(陆建明等，2011)，金融发展水平高的国家能够为价值链中具有高风险的研发、设计和创新环节提供更多的融资，从而使得这些国家在全球价值链的高端环节中占据优势，与金融发展水平低的国家为全球价值链上低风险的加工生产制造环节提供资金支持方面形成比较优势，因而其全球价值链分工地位较低。

进一步，采用金融发展速度与科技创新投资速度之差(fd_rd)作为金融发展与科技创新协同变量的反向代理指标，将其纳入回归模型，表4-3第(2)列的结果显示，变量 fd_rd 的估计系数在1%的置信水平上显著为负，表明金融发展速度超过科技创新投资速度时，将显著降低一国的产业全球价值链分工地位。换言之，偏离于服务科技创新功能的金融膨胀与过度发展不利于提升一国经济的全球价值链分工地位。这也意味着，金融发展与科技创新的协同发展对全球价值链分工地位具有显著的正向促进作用。

第(3)列给出了纳入金融发展与科技创新协同与金融发展的交互项(fd * fd_rd)的回归结果，其中金融发展的估计系数仍然在1%置信水平上显著为正，但两者交互项的估计系数为负，且1%水平上表现出显著性，这说明尽管金融发展有助于提升一国参与全球价值链分工的地位水平，但是当金融体系脱离服务实体经济科技创新投资而自我膨胀和过度发展时，将会降低金融发展对全球价值链攀升的促进作用，甚至会抑制全球价值链分工地位的提升。实际上，当金融体系发展速度高于科技创新投资速度约 1 个百分点时(0.023/0.024)，金融体系发展将会抑制全球价值链分工地位。考虑到现有文献中金融发展与全球价值链分工地位之间关系的争议，本书认为这主要是因为金融部门自我膨胀从而脱离科技创新投资需求，资金处于金融体系中空转与套利，而不是服务于实体经济与科技创新，这导致金融发展不利于企业向全球价值链的研发和设计环节升级。因此，实现金融体系与科技创新的协同发展，是发挥金融体系提升全球价值链分工地位的关键所在。

第(4)～(6)列是控制了对全球价值分工地位具有重要影响的技术水平和人力资本变量的回归结果，结果显示金融发展的估计系数仍然显著为正，金融发展与科技创新的偏离及其与金融发展的交互项估计系数均为负，且均通过了 1% 水平上的显著性检验。金融发展每提高一个单位，将促进全球价值链分工地位提升 1.5 个百分点。这再次表明金融发展水平对全球价值链分工地位的促进效应依赖于其与科技创新的协同发展，金融过度发展导致偏离服务科技创新投资的功能，这将降低对全球价值链分工地位的提升效应，甚至抑制一国的全球价值链分工地位。

在控制变量方面，制度质量的估计系数为正，但并未表现出显著性。这与戴翔和郑岚(2015)针对中国区域层面的经验分析结果不一致，他们发现中国制度质量的改善提高了出口技术复杂度。可能的原因主要来源于两个方面：一是由于本章采用的世界投入产出数据库的跨国样本主要涉及欧盟以及 OECD 国家，这些国家的制度质量在样本区间内已处于较高水平且变化程度不大，导致其对全球价值链分工地位的影响不显著。张玉和胡昭玲(2016)研究发现，当制度质量处于较高水平后其价值链分工地位提升不具有显著作用。二是由于制度质量主要通过降低企业研发设计创新环节的交易成本影响全球价值链攀升，这与金融发展降低这些环节的融资成本的作用机理似乎是一致的，因此制度质量的影响可能被金融发展吸收，特别是本书发现在模型中不加入金融发展变量时，制度质量的估计实现在 10% 水平上显著为正，这也从侧面说明了金融发展水平对一国在全球价值链中分工地位的重要性。

贸易开放水平的估计系数为负，且均在 1% 的置信水平上显著，说明贸易开放并不一定带来一国全球价值链分工地位的提升，这与盛斌和景光正(2019)的结果是一致的，在缺乏前沿技术以及高端人力资本的情况下，贸易开放可能会存在陷入"低端锁定"的风险。政府支出规模的估计系数为负，且至少在 5% 水平上显著，表明政府支出对全球价值链分工地位具有负向影响，政府支出会降低经济储蓄率，不利于投资特别是研发创新投资的增长，此外政府过度干预经济会导致权力寻租，这都不利于全球价值链分工地位提升。外商直接投资的估计系数为正，但不具有不显著，一方面来自技术前沿国家的外商直接投资可能会产生技术溢出，从而提升东道国企业的技术含量；另一方面，效率寻求型的外商直接投资主要为了利用东道国低成本的劳动力资源，这可能加剧一国制造业锁定在加工、生产、制造等低端环节的程度。本书认为正是由于上述两方面不同方向效应的综合作用结果，外商投资对全球价值链分工地位的影响不显著。

与预期十分吻合的是，人力资本指数的估计系数处于 0.036~0.044 之间，在 1%置信水平上显著，表明人力资本对全球价值链分工地位具有显著正向影响，人力资本指数每提高一个单位将导致全球价值链分工地位提升 3.6~4.4 个百分点。技术水平的估计系数同样在较高的置信水平上显著为正，说明一国的技术水平越靠近世界技术前沿，其在全球价值链分工中的地位则越高。

（2）金融发展与人力资本协同的作用。为了进一步验证金融体系与创新型人力资本协同对全球价值链分工地位的影响，采用金融发展速度与创新型人力资本积累速度之差作为两者协同的反向测度指标，遵循式（5-1）、式（5-3）和式（5-5）的设定进行实证检验。在模型选择上，由于 F 检验在较高的显著性水平上拒绝了原假设，表明个体效应十分显著，表 5-4 列出了固定效应模型的估计结果。

由表 5-4 可知，金融体系发展的系数均在 1%置信水平上显著为正，表明金融体系的发展对提升全球价值链分工地位具有正向促进效应。金融体系发展水平每提高 1 个单位，将促进全球价值链分工地位提升 1.4~2.2 个百分点。这与前文的结果是一致的，金融体系发展缓解了实体经济部门和个体的融资约束，通过激励科技创新和人力资本积累，促进了企业向全球价值链的设计研发、品牌营销与售后等两端环节升级。

第（2）和（5）列是包含金融体系与人力资本协同发展变量的估计结果，金融体系发展速度与创新型人力资本积累速度的偏差（fd_hcit）的估计系数显著为负，表明金融体系发展对人力资本积累的偏离对全球价值链分工地位产生了抑制效应。主要原因在于，金融部门的过度膨胀吸引创新型人才进入金融与证券行业，导致创新部门人力资本积累不足，这不利于技术进步（Ang，2011），从而抑制了全球价值链地位的提升。上述结果说明，实现金融体系与人力资本的协同发展，有利于一国产业迈向全球价值链的中高端环节，提升分工地位。第（3）和（6）列考察了金融体系发展与人力资本积累的偏差是否会影响金融体系的作用效果，估计结果显示，金融体系发展速度与创新型人力资本积累速度之差（fd_hc_{it}）和金融体系发展（fd_{it}）的交互项系数显著为负，这表明金融体系发展对全球价值链分工地

表 5-4　　金融发展与人力资本协同影响全球价值链分工地位的估计结果

	（1）	（2）	（3）	（4）	（5）	（6）
fd	0.021***	0.022***	0.022***	0.015***	0.015***	0.014***
	（0.004）	（0.004）	（0.004）	（0.004）	（0.003）	（0.003）
fd_hc		-0.018***			-0.016**	
		（0.006）			（0.007）	
$fd * fd\_hc$			-0.012***			-0.011**
			（0.004）			（0.005）
$quality$	0.021	0.006	0.007	0.016	-0.001	0.000
	（0.015）	（0.016）	（0.017）	（0.016）	（0.020）	（0.020）
$trade$	-0.142***	-0.140***	-0.140***	-0.148***	-0.146***	-0.147***
	（0.013）	（0.014）	（0.014）	（0.012）	（0.012）	（0.012）
gov	-0.228**	-0.322***	-0.333***	-0.223**	-0.269**	-0.284**
	（0.096）	（0.095）	（0.098）	（0.106）	（0.127）	（0.126）
$ifdi$	0.001	0.001*	0.001*	0.000	0.001	0.001
	（0.001）	（0.001）	（0.001）	（0.001）	（0.001）	（0.001）
hci				0.036**	0.043***	0.046***
				（0.014）	（0.013）	（0.013）
tfp				0.055***	0.071***	0.072***
				（0.014）	（0.020）	（0.019）
常数项	0.077***	0.095***	0.095***	-0.054	-0.080**	-0.087**
	（0.011）	（0.014）	（0.015）	（0.038）	（0.031）	（0.032）
N	567	432	432	567	432	432
R^2	0.4621	0.4712	0.4677	0.4797	0.4932	0.4909
F	86.283	32.277	31.499	148.733	152.379	180.915

注：括号内为标准误，*、** 和 *** 分别表示 $p<0.1$，$p<0.05$，$p<0.01$。

位的提升作用显著依赖于金融体系与创新型人力资本积累的偏离程度，当金融体系发展严重偏离创新型人力资本积累时，金融体系发展的提升作用将显著降低。

特别是根据第（3）列的结果，当金融体系发展速度超过创新人力资本积累速度1.83个百分点时，金融体系发展将不能促进全球价值链分工地位的提升。因此，实现现代金融体系与人力资本的协同发展，将有利于发挥金融体系发展对全球价值链分工地位的提升效应。

控制变量的估计系数与表5-3的结果是一致的，制度质量的估计系数为正，但没有呈现出显著性；贸易开放水平的系数显著为负，表明在缺乏技术和人力资本等高端生产要素时，单纯的贸易开放不一定会提升全球价值链分工地位，甚至还可能被"锁定"和"俘获"在低端环节；政府支出规模的影响系数显著为负，表明政府规模的扩大不利于全球价值链分工地位的提升；外商直接投资的作用系数为正，但其显著性较差，这可能与外商直接投资的动机有关，效率寻求型直接投资倾向于利用东道国丰富的资源和较低成本的劳动力，这对提升东道国的全球价值链分工地位的作用十分有限。第(4)~(6)列中人力资本指数和技术水平的系数均显著为正，表明高级人力资本和先进的前沿技术对提升全球价值链分工地位具有重要的推动作用。

5.4.2　稳健性检验

为了保证上述研究结果的可靠性，考虑可能存在模型选择偏误、金融短期波动、内生性三个方面问题，这里采用具有针对性的实证分析策略对前文的回归结果进行稳健性检验。

首先，采用随机效应模型方法进行重新估计。表5-5中(1)~(3)列显示，采用随机效应模型的估计结果与表5-3中固定效应模型的结果具有一致性，金融发展的估计系数保持在0.014~0.015之间，金融发展速度与科技创新投资速度之差(fd_rd)的系数显著为负，且两者交互项($fd * fd\_rd$)的系数也在1%水平上显著为负，表明金融发展对全球价值链分工地位具有促进作用，但是当金融发展速度超过科技创新投资速度而过度膨胀时，将不利于提升全球价值链分工地位。这意味着，实现金融体系与科技创新的协同发展，将对一国产业向全球价值链中高端迈进产生重要的推动作用。

其次，为了避免短期经济金融波动的影响，借鉴彭俞超(2015)、盛斌和景光正(2019)平缓经济周期影响的操作思路，将取所有变量的2年平均值生成包含42

个国家 7 年的样本，采用固定效应模型进行估计，结果见表 5-5 中第(4)~(6)列。

表 5-5　　　　　　　稳健性检验：随机效应与周期性平滑样本

gvc	(1)	(2)	(3)	(4)	(5)	(6)
	随机效应			平滑样本		
fd	0.015 ***	0.014 ***	0.014 ***	0.014 ***	0.015 ***	0.015 ***
	(0.004)	(0.005)	(0.005)	(0.004)	(0.003)	(0.003)
fd_rd		−0.027 ***			−0.033 ***	
		(0.007)			(0.009)	
fd ∗ *fd_rd*			−0.021 ***			−0.024 ***
			(0.006)			(0.008)
quality	0.003	0.001	0.001	0.033 **	0.027	0.026
	(0.009)	(0.010)	(0.010)	(0.015)	(0.017)	(0.018)
trade	−0.152 ***	−0.151 ***	−0.152 ***	−0.146 ***	−0.148 ***	−0.149 ***
	(0.008)	(0.008)	(0.008)	(0.012)	(0.011)	(0.011)
gov	−0.269 ***	−0.345 ***	−0.361 ***	−0.285 ***	−0.250 **	−0.279 **
	(0.095)	(0.103)	(0.103)	(0.098)	(0.112)	(0.114)
ifdi	0.001	0.001	0.001	0.003 **	0.003 ***	0.003 ***
	(0.001)	(0.001)	(0.001)	(0.001)	(0.001)	(0.001)
hci	0.038 ***	0.042 ***	0.044 ***	0.052 ***	0.044 ***	0.046 ***
	(0.013)	(0.014)	(0.014)	(0.009)	(0.004)	(0.005)
tfp	0.051 ***	0.062 ***	0.063 ***	0.043 ***	0.056 ***	0.058 ***
	(0.018)	(0.020)	(0.020)	(0.010)	(0.014)	(0.013)
常数项	−0.036	−0.040	−0.044	−0.111 ***	−0.097 ***	−0.098 ***
	(0.038)	(0.043)	(0.043)	(0.028)	(0.014)	(0.018)
N	567	494	494	278	268	268
R^2	0.4777	0.4902	0.4870	0.4871	0.5051	0.5020
F				6717.036	278.492	167.972

注：括号内为标准误，*、** 和 *** 分别表示 $p<0.1$，$p<0.05$，$p<0.01$。

从回归结果来看，核心变量的系数及显著性并没有发生变化，并且系数值保持较高的稳定性。金融发展仍然显示出显著的全球价值链分工地位提升效应，但当金融发展速度超过科技创新速度时，金融发展的提升效应将被弱化。

最后，在探讨经济发展过程中金融体系作用的实证研究时，始终绕不开模型中可能存在的内生性问题。在金融发展与全球价值链分工地位之间的关系中，潜在反向因果关系导致的内生性问题最为突出：由于全球价值链分工地位的提升，导致一国在价值链的研发创新设计环节中衍生出较大的融资需求，从而推动了金融体系的发展。为了解决这一问题，借鉴已有文献的做法，将法律企业的差异作为构造一国金融体系和金融发展水平工具变量的重要参考，在此基础上采用两阶段最小二乘法进行回归。La Porta et al. (1998)最早提供了国家的法律起源影响投资者保护和法律执行质量，进而决定不同国家融资模式和金融体系的证据。由于法律起源的差别可以很好地解释不同国家金融发展水平的差异，并且法律起源严格外生于后来的经济发展，因而法律起源作为金融发展水平的有效且合理工具变量获得了学者的广泛青睐（Aghion，Howitt & Mayer-Foulkes，2005；Demirguc-Kunt，Feyen & Levine，2011；盛斌和景光正，2019）。La Porta et al. (2008)提供了全球187个经济体的法律起源情况①，经过样本匹配，本章中涉及的42个经济体分别对应于英国法源、法国法源、德国法源和斯堪的纳维亚法源四种法源。为了避免采用面板固定效应模型将不随时间变化的法律起源吸收到个体效应中，借鉴盛斌和景光正(2019)的处理方法，将法律起源组别内其他国家金融发展水平的平均值作为本国金融发展水平的工具变量。如此操作的理由在于：一方面，相同法律起源组别内经济体的金融发展水平具有高度相关性；另一方面，其他国家的金融发展水平不太可能内生于本国的全球价值链分工地位，非常满足工具变量的选择标准。除此之外，将金融发展水平的滞后一期作为自身的工具变量进行2SLS回归估计。表5-6分别给出了法律起源变量和金融发展滞后一期作为工具变量的回归结果。

---

① 数据来源：https：//scholar. harvard. edu/shleifer/publications？ page=2.

表 5-6　　　　　　　　　　　　**稳健性检验：2SLS 回归结果**

gvc	（1）	（2）	（3）	（4）	（5）	（6）
	法律起源工具变量			滞后一期工具变量		
fd	0.017 ***	0.018 ***	0.018 ***	0.027 ***	0.017 ***	0.016 ***
	(0.005)	(0.006)	(0.005)	(0.007)	(0.006)	(0.005)
fd_rd		−0.027 ***			−0.027 ***	
		(0.008)			(0.008)	
*fd * fd_rd*			−0.022 ***			−0.021 ***
			(0.006)			(0.007)
quality	0.016	0.016	0.017	0.026 *	0.017	0.017
	(0.013)	(0.016)	(0.016)	(0.015)	(0.016)	(0.016)
trade	−0.148 ***	−0.147 ***	−0.148 ***	−0.143 ***	−0.147 ***	−0.148 ***
	(0.011)	(0.011)	(0.011)	(0.011)	(0.011)	(0.011)
gov	−0.218 **	−0.296 ***	−0.314 ***	−0.256 **	−0.299 ***	−0.319 ***
	(0.109)	(0.114)	(0.115)	(0.115)	(0.113)	(0.115)
ifdi	0.000	0.000	0.000	−0.000	0.000	0.000
	(0.001)	(0.001)	(0.001)	(0.001)	(0.001)	(0.001)
hci	0.033 **	0.037 **	0.039 **	0.029 *	0.039 **	0.043 ***
	(0.014)	(0.016)	(0.016)	(0.017)	(0.016)	(0.016)
tfp	0.055 **	0.066 ***	0.067 ***	0.056 **	0.067 ***	0.068 ***
	(0.023)	(0.025)	(0.025)	(0.025)	(0.025)	(0.025)
N	567	494	494	527	494	494
Within R^2	0.479	0.492	0.489	0.463	0.493	0.490
F	32.540	27.028	26.496	30.855	27.088	26.731
Kleibergen-Paap rk	40.569	59.062	53.061	62.837	69.010	79.075
LM statistic	[0.0000]	[0.0000]	[0.0000]	[0.0000]	[0.0000]	[0.0000]
Kleibergen-Paap rk	144.296	183.613	186.744	318.536	760.779	33087.02
Wald F statistic	{16.38}	{16.38}	{16.38}	{16.38}	{16.38}	{16.38}

注：（ ）内为标准误，[ ]内为识别不足检验的 p 值，{ }内为在 10%水平下 Stock-Yogo 弱工具变量检验的临界值，* 、** 和 *** 分别表示 $p<0.1$，$p<0.05$，$p<0.01$。

由工具变量识别不足检验的 Kleibergen-Paap rk LM 统计量来看，均在 1% 置信水平下拒绝了存在识别不足的原假设，弱工具变量检验的 Kleibergen-Paap rk

Wald F 统计量均大于 10% 置信水平 Stock-Yogo 弱识别检验的临界值 16.38，表明不存在工具变量识别不足和弱工具变量的问题。此外，由于工具变量个数等于内生变量个数，模型被恰好识别，因此不存在过度识别问题。上述检验均表明工具变量的设定是合理有效的。根据表 5-6 中 2SLS 估计结果可知，金融发展的系数显著为正，金融发展速度与科技创新投资速度之差的系数显著为负，且两者的交互项系数也显著为负，与表 5-3 的估计结果十分一致，说明本书的研究结果具有较高的稳健性。

5.4.3 金融发展的非线性效应

基于 OLS 的"均值回归"实际上呈现的是金融发展对全球价值链分工地位均值的影响，但是不同经济体之间的全球价值链分工地位存在较大差异，均值回归结果难以反映金融发展对全球价值链分工地位影响的变化。为了探讨不同全球价值链分工地位经济体金融发展的影响是否不同，进一步采用面板分位数回归法对模型进行估计。表 5-7 列出了三个模型在 10%、25%、50%、75% 和 90% 分位数的估计结果。

表 5-7　　　　　　　　　　　面板分位数估计结果

	gvc	（1）10%	（2）25%	（3）50%	（4）75%	（5）90%
模型 (5-1)	*fd*	0.025** (0.010)	0.021*** (0.007)	0.015*** (0.005)	0.010* (0.006)	0.006 (0.009)
模型 (5-2)	*fd*	0.026** (0.011)	0.022*** (0.008)	0.015** (0.006)	0.008 (0.009)	0.003 (0.013)
	fd_rd	−0.021 (0.015)	−0.023** (0.011)	−0.027*** (0.009)	−0.030** (0.013)	−0.033* (0.018)
模型 (5-3)	*fd*	0.025** (0.010)	0.021*** (0.008)	0.015*** (0.006)	0.009 (0.008)	0.005 (0.011)
	*fd * fd_rd*	−0.015 (0.013)	−0.017* (0.010)	−0.021*** (0.007)	−0.024** (0.010)	−0.027** (0.013)
	N	494	494	494	494	494

注：括号内为标准误，*、** 和 *** 分别表示 $p<0.1$，$p<0.05$，$p<0.01$。

　　从模型(5-1)分位数回归结果可知，金融发展的系数在 10% 分位数上最大(0.025)，在 25% 分位数上次之(0.021)，呈现逐步缩小的趋势，并且显著性也逐步降低。特别是在 90% 分位数上金融发展系数缩小为 0.006，不再具有显著性。上述结果表明，随着全球价值链分工地位的改善，金融发展对全球价值链分工地位的提升幅度逐渐缩小，即存在边际效应递减。换言之，金融发展对全球价值链分工地位低的经济体的提升效应最为明显，而在全球价值链分工地位相对较高的经济体，金融发展的全球价值链提升效应十分有限。模型(5-2)的回归结果显示，金融发展速度与科技创新投资速度之差的系数始终为负，系数绝对值在 10% 分位数上最小且不显著，25% 分位数及以后系数绝对值逐步增大，且呈现出较高的显著性，并在 90% 分位数上达到 0.033。这说明，全球价值链分工地位越高的经济体，金融发展速度与科技创新速度的偏差对全球价值链分工地位的抑制效应越大。模型(5-3)的结果同样显示，金融发展速度与科技创新速度之差和金融发展交互项系数始终为负，在 10% 分位数上不具有显著性且系数绝对值最小，25% 分位数上系数绝对值增大，为 0.017，且在 10% 置信水平上显著，随后系数绝对值逐步增大，在 90% 分位数上达到 0.027。这表明随着一国逐步攀升全球价值链，金融发展速度与科技创新投资速度偏差越大，将显著降低金融发展对全球价值链分工地位的提升效应，甚至产生抑制效应。

　　上述分析表明，对全球价值链分工地位较低的经济体而言，金融发展对全球价值链分工地位具有较大的提升效应，深化金融改革、促进金融体系的发展是实现价值链攀升的重要途径；然而，随着全球价值链分工地位的逐步提升，金融发展与科技创新的发展偏差对全球价值链分工的抑制效应越来越大，并且会在更大程度上降低金融发展对全球价值链分工地位的提升效应。因此，随着一国经济逐步攀升全球价值链，实现金融体系与科技创新的协同发展显得越来越重要。

5.5　拓展分析：银行型与市场型金融体系的作用差异

5.5.1　银行型金融体系与市场型金融体系发展的差异

　　一些文献指出，金融市场和银行等不同金融体系在经济发展中的作用存在差异(林毅夫等，2009；Demirguc-Kunt et al.，2011；龚强等，2014)。为了比较全球价值链分工地位提升中银行型金融体系发展与市场型金融体系发展的不同作用，将银行主导型金融发展和市场主导型金融发展分别对全球价值链分工地位进行回归，估计结果见表5-8。

表5-8　　　　　　　　　**银行型金融体系与市场型金融体系估计结果比较**

gvc	(1)	(2)	(3)	(4)	(5)	(6)
	银行型金融体系发展			市场型金融体系发展		
fdc	0.015**	0.011	0.012*			
	(0.006)	(0.007)	(0.007)			
fdc_rd		−0.003				
		(0.002)				
$fdc*fdc\_rd$			−0.010**			
			(0.004)			
fdm				0.016**	0.022***	0.020***
				(0.007)	(0.007)	(0.007)
fdm_rd					−0.014***	
					(0.005)	
$fdm*fdm\_rd$						−0.019***
						(0.006)
控制变量	是	是	是	是	是	是
固定效应	是	是	是	是	是	是
N	587	516	516	573	500	500
R^2	0.4858	0.4873	0.4894	0.4704	0.4818	0.4774
F	349.106	826.847	1464.524	187.798	476.648	622.292

注：括号内为稳健型标准误，*、**和***分别表示$p<0.1$，$p<0.05$，$p<0.01$。

表5-8第(1)~(3)列汇报了银行主导型金融发展及其与科技创新协同的回归结果。第(1)列中银行主导型金融发展(fdc)的估计系数为0.015，且在5%水平

上显著，第(2)列进一步纳入银行型金融体系发展速度与科技创新投资速度之差后，银行主导型金融发展的估计系数缩小为 0.011，且不再具有显著性。这表明在样本考察期内，银行型金融体系发展对全球价值链分工地位不存在显著影响；fdc_rd 变量的估计系数为负，也未呈现出显著性。第(3)列是包含银行型金融体系发展(fdc)与协同变量(fdc_rd)交互项的回归结果，其中银行型金融体系发展的系数缩小为 0.012，仅在 10% 水平上通过了显著性检验，这说明银行型金融体系发展对全球价值链分工地位存在较为微弱的促进作用；交互项系数在 5% 水平上显著为负，表明偏离服务科技创新投资的银行业规模过度膨胀，会弱化银行主导型金融发展对全球价值链分工地位的提升效应。以银行为主的金融结构更加适合为技术风险较低的劳动密集型产业或者从事生产加工环节的企业提供融资(龚强等，2014)，但长期从事生产加工环节不利于提高企业的附加值率，因而银行型金融体系发展对全球价值链分工地位的提升作用十分有限。

第(4)~(6)列给出了市场型金融体系发展与全球价值链分工地位关系的回归结果。第(4)列结果显示市场型金融发展的影响系数为 0.016，在 5% 的置信水平上显著，在第(5)列中加入市场型金融体系发展速度与科技创新投资速度之差(fdm_rd)后，市场型金融体系发展的影响系数增加为 0.022，且在 1% 置信水平上显著，表明市场型金融体系发展对全球价值链分工具有显著的正向效应，且效应力度及显著性均高于银行型金融体系的作用。其原因主要在于，金融市场在分散风险方面比银行更具优势，更适合为位于技术前沿领域的产业以及企业的研发创新等高风险活动提供融资支持(Allen & Gale，1999；龚强等，2014)，在上述产业领域或者价值链环节中取得成功的企业一般具有较高的附加值率，因而有助于提升一国的全球价值链分工地位。顾磊和杨倩雯(2014)对中国省级层面的经验分析同样发现，股票市场等直接金融发展显著促进了中国不同地区的加工贸易增加值率，而银行等金融的规模扩张和效率提升对加工贸易增加值率的影响不显著，甚至具有负向影响。

市场型金融体系发展与科技创新协同的逆向代理变量(fdm_rd)的估计系数为-0.014，并且在 1% 的置信水平下显著。这一结果表明，当金融市场发展速度超过科技创新投资速度时，将对全球价值链分工地位呈现抑制效应。如果股票市场的发展偏离了实体经济科技创新的融资需求，股票市场的过度膨胀不仅不利于一国实现全球价值链攀升，反而会降低全球价值链分工地位。市场型金融体系发展速度与科技创新投资速度之差(*fdm_rd*)与市场型金融体系发展(*fdm*)的交互项系数在1%水平上显著为负，表明当金融市场发展偏离服务实体经济科技创新时，市场主导型金融发展会降低一国的全球价值链分工地位。因此，实现金融市场与科技创新的协同发展，对提升全球价值链分工地位具有重要意义。

此外，制度质量、贸易开放水平、政府支出规模、外商直接投资、人力资本及技术水平等控制变量的估计系数及显著性与表5-3中的结果十分一致，表明本章的主要结论具有稳健性。

综上可知，由于银行型金融体系与市场型金融体系在风险分散方面存在差异，导致银行型金融体系对提升全球价值链分工地位的作用小于市场主导型金融体系。银行在为风险较低的劳动密集型产业提供融资支持时具有优势，而金融市场则在为风险较高的技术研发创新型企业提供融资时存在比较优势(林毅夫等，2009；龚强等，2014)。劳动密集型产业或者劳动密集型生产环节位于"微笑曲线"的底部，附加值含量较低；研发创新环节一般位于"微笑曲线"的前端环节，具有较高的附加值。因此，市场主导型金融体系对提升一国的全球价值链分工地位具有更大的促进作用。但是，当市场主导型金融体系过度发展且脱离了服务实体经济科技创新的功能和目的时，将抑制一国的全球价值链攀升进程。

5.5.2 稳健性检验

为了保证上述结果的可靠性，按照前一部分中稳健性检验的思路，从模型选择偏误、短期经济金融波动以及内生性问题三个角度，分别采用适合的实证分析策略进行检验，估计结果见表5-9。

首先，为了防止模型选择偏误的问题，采用随机效应模型进行了重新估计。表5-9第(1)~(3)列的结果显示，银行型金融体系发展的影响不显著，而市场型金融体系发展对全球价值链分工地位具有显著正向影响，这与表5-8的结果是一致的。银行型金融体系发展对全球价值链分工地位的提升效应较弱，而市场型金融体系发展对全球价值链分工地位存在显著的提升效应。市场型金融发展速度与科技创新投资速度之差的系数在1%水平上显著为负，表明在金融市场过度膨胀、超过科技创新的融资需求时，会对全球价值链分工地位产生抑制效应。

表 5-9 银行主导型和市场主导型金融发展的稳健性检验

表 8A：银行主导型金融发展的稳健性检验

	(1)	(2)	(3)	(4)	(5)	(6)	(7)	(8)	(9)	(10)	(11)	(12)
	随机效应			平滑样本			法源工具变量			滞后一期工具变量		
fdc	0.014**	0.010	0.011	0.014**	0.016***	0.017***	0.020**	0.018	0.019*	0.020**	0.018	0.019*
	(0.006)	(0.007)	(0.007)	(0.006)	(0.005)	(0.005)	(0.009)	(0.011)	(0.011)	(0.009)	(0.011)	(0.011)
fdc_rd		-0.003			-0.004			-0.003			-0.003	
		(0.003)			(0.003)			(0.002)			(0.002)	
*fdc * fdc_rd*			-0.010*			-0.018***			-0.011**			-0.011**
			(0.006)			(0.006)			(0.005)			(0.005)
控制变量	是	是	是	是	是	是	是	是	是	是	是	是
N	587	516	516	288	278	278	587	516	516	549	516	516
Within R^2	0.4843	0.4851	0.4873	0.4914	0.4974	0.5015	0.485	0.486	0.489	0.477	0.486	0.489
F				5052.275	3966.037	658.752	37.029	29.027	28.679	35.841	28.943	28.793

续表

表 8B：市场主导型金融发展的稳健性检验

	随机效应			平滑样本			法源工具变量			滞后一期工具变量		
	(1)	(2)	(3)	(4)	(5)	(6)	(7)	(8)	(9)	(10)	(11)	(12)
fdm	0.017***	0.023***	0.021**	0.017*	0.020**	0.018*	0.014**	0.020**	0.018**	0.033***	0.021**	0.020**
	(0.006)	(0.007)	(0.007)	(0.010)	(0.009)	(0.009)	(0.006)	(0.008)	(0.008)	(0.011)	(0.010)	(0.008)
fdm_rd		−0.015***			−0.019***			−0.014***			−0.014***	
		(0.004)			(0.006)			(0.005)			(0.005)	
$fdm*fdm\_rd$			−0.021***			−0.023**			−0.019**			−0.019**
			(0.008)			(0.011)			(0.008)			(0.008)
控制变量	是	是	是	是	是	是	是	是	是	是	是	是
N	573	500	500	281	271	271	573	500	500	536	500	500
R^2	0.4680	0.4787	0.4740	0.4806	0.4953	0.4885	0.470	0.482	0.477	0.457	0.482	0.477
F				2082.932	5681.814	1274.534	34.097	27.806	28.080	32.626	27.099	27.227

注：括号内为标准误，*、** 和 *** 分别表示 $p<0.1$，$p<0.05$，$p<0.01$。

其次，为了避免金融体系短期波动的影响，采用所有变量的 2 年平均值进行回归估计。表 5-9 第（4）~（6）列的结果显示，银行业发展和金融市场发展的系数均具有显著性，但是银行业发展的影响系数低于金融市场发展的系数，表明银行业金融发展对全球价值链分工地位的提升效应低于金融市场发展。金融市场发展速度与科技创新投资速度之差及其与金融发展的交互项系数均显著为负，这表明偏离科技创新融资需求的金融市场过度发展将不利于全球价值链分工地位的提升，这与表 5-8 的研究结果具有一致性。

最后，为了避免双向因果关系导致的内生性问题，分别采用法律起源和金融发展滞后一期作为工具变量进行 2SLS 估计。表 5-9 第（7）~（9）列和第（10）~（11）列分别列出了采用法律起源和金融发展滞后一期作为工具变量的回归结果，结果均显示当模型中纳入金融发展速度与科技创新速度之差时，银行业发展的估计系数显著性变差，但金融市场发展对全球价值链分工地位仍然具有显著正向影响。这与前文的分析结果是一致的，表明在考虑内生性问题后，银行业发展对全球价值链分工地位的影响较为微弱，而金融市场发展对全球价值链分工地位的提升效应较大。此外，金融市场发展速度与科技创新速度之差及其与金融发展交互项的系数显著为负，说明脱离实体部门科技创新融资需求的金融体系发展抑制了全球价值链分工地位，而市场型金融体系与实体经济科技创新协同发展对全球价值链分工地位具有推动作用。

5.6　本章小结

提升全球价值链分工收益和地位是新时代背景下中国经济实现高质量发展的必然要求，本章集中探讨了要素协同的贸易增加值收益提升效应。针对已有文献中关于金融发展对全球价值链分工地位作用的"两面性"，本章深入分析了金融发展影响全球价值链分工的作用机理，并提出金融体系发展与科技创新和研发人力资本投资需求的偏离将抑制全球价值链分工地位的研究假设，运用来自 42 个经济体 2000—2014 年的数据，实证检验了金融发展及其与科技创新、人力资本积累偏离对全球价值链分工地位的影响，采用面板分位数回归探讨了不同全球价值链分工地位经济体金融发展效应的变动，并进一步区分了银行型金融体系发展与市场型金融体系发展对全球价值链分工地位的不同效应。经过研究，本章得出以下主要结论：

第一，金融发展对一国在全球价值链分工中的地位具有显著的提升效应。面板固定模型的估计结果表明，金融体系发展对全球价值链分工地位具有显著正向影响，金融发展水平每提高 1 个单位，将促进全球价值链分工地位提升 1.5 个百分点。在考虑模型选择偏误、金融体系周期性波动以及双向因果关系导致的内生性问题后，稳健性检验结果仍然支持这一结论。

第二，当金融发展速度超过科技创新投资速度和人力资本积累速度时，即偏离科技创新投资需求和研发人力资本积累需求的金融体系过度发展和膨胀，将对全球价值链分工地位产生抑制效应。实证检验结果显示，金融发展速度与科技创新投资速度之差、金融发展速度与研发人力资本积累速度之差对全球价值链分工地位具有显著负向影响，且两者差距越大，金融发展的促进效应越小。这意味着，实现金融发展与科技创新、研发人力资本的协同发展，将有利于提升全球价值链分工地位。

第三，随着全球价值链分工地位的提升，金融体系发展的促进效应逐渐缩小，金融体系与科技创新投资需求的偏离对全球价值链分工地位的抑制效应逐渐增大。面板分位数回归结果表明，随着全球价值链分工地位从第 10 分位数增加到第 90 分位数，金融体系发展的正向影响逐步缩小，并逐渐失去显著性，而金融发展速度与科技创新投资速度的差距对全球价值链分工地位的负向影响逐步增大，且显著性逐渐增加。这表明，对全球价值链分工地位较低的发展中国家而言，金融发展对全球价值链分工地位具有较大提升效应。随着全球价值链分工地位的提升，金融体系与科技创新协同发展的重要性日益凸显。

第四，与银行型金融体系相比，市场型金融体系发展对全球价值链分工地位的促进效应更大。由实证结果可知，银行型金融体系发展的影响系数较小且不具有显著性，而市场型金融体系发展具有显著正向影响，这可能与市场型金融体系更有利于为技术前沿领域企业的创新活动提供融资有关。

第 **6** 章 | **发挥规模优势：**
制造业规模与科技、人才和
金融的协同效应

不同于从贸易增加值收益角度对高质量发展的测度，出口技术复杂度从技术结构的角度反映了中国产业出口贸易环节的高质量发展水平。自改革开放特别是加入 WTO 以来，中国出口规模以惊人的速度扩张并带动国内生产总值实现快速增长。随着中国转向高质量发展阶段，持续提升出口技术复杂度而非出口规模也是新时代贸易开放高质量发展的重要方向。

6.1 "脱实向虚"与制造业规模的作用

近年来，非金融类企业过度"金融化"（张成思和张步昙，2016；彭俞超和黄志刚，2019）与全面、过早、快速的"过度去工业化"（魏后凯和王颂吉，2019）并存的现象导致中国经济存在严重的"脱实向虚"倾向，这引发了国内学术界和政府政策制定者的广泛关注。党的十九大根据中国实际提出要"加快建设实体经济、科技创新、现代金融、人力资源协同发展的产业体系"，把实体经济作为协同发展产业体系的主体和首要构成要素，强调以制造业为核心的实体经济的重要性。

然而，实体经济与作为高质量发展重要测度指标的出口技术复杂度之间的逻辑关系和作用机制如何尚不清楚。特别是，既有研究从不同的视角探究了出口技术复杂度的影响因素，但忽略了实体经济发展在出口技术复杂度提升中可能发挥的作用。中国自 20 世纪 80 年代以来通过凭借自身比较优势，吸引外商投资和承接来自发达国家的产业转移，迅速积累起横跨各个行业门类的制造能力，并成为制造业大国和实体经济大国（黄群慧，2017）。与此相对的是，中国出口贸易的技术复杂度逐步提升，甚至一些研究认为中国的出口技术复杂度远远高于相似人均收入国家的对应水平（Rodrik，2006；Schott，2008）。因此，自然而然产生的疑问是：中国不同地区实体经济的发展是否促进了出口技术复杂度提升？

党的十九大明确了协同发展产业体系的四个关键构成要素，由已有文献的结果可知，科技创新（毛其淋和方森辉，2018；赵玉林和高裕，2019）、人力资本（Wang & Wei，2010；毛其淋，2019；周茂等，2019）以及金融体系发展（齐俊妍等，2011；刘威等，2018）被认为是提升出口技术复杂度的重要推动因素。由此衍生出第二个问题，作为产业体系的首要构成要素，中国各地区实体经济发展是否影响了其他因素对出口技术复杂度的提升效应？或者说，实体经济发展与科技创新等要素是否对出口技术复杂度提升具有协同效应？

2008年全球金融危机以后，美国及欧洲一些发达国家逐步认识到产业"空心化"的危害和实体经济的重要性，并出台了诸如"再工业化"和"制造业回流"等战略与计划，试图维持在复杂产品技术领域的领先地位和国际竞争力（余珮，2017），这可能意味着实体经济在金融危机前后的重要性有所变化。此外，中国出口在不同区域间分布很不均衡，东部沿海地区占据全国出口的90%（姚洋和张晔，2008；Xu，2010），不同区域出口技术复杂度的驱动因素也可能存在差别。因而，本章关注的第三个问题是，实体经济与科技创新等产业体系其他构成要素对出口技术复杂度的影响是否在金融危机前后两阶段、沿海与内陆地区之间存在显著差异？

探讨上述这些问题对于建设协同发展的产业体系、促进中国产业迈向全球价值链中高端以及实现经济高质量发展等具有指导价值和启示意义。基于此，本章梳理分析了实体经济与科技创新、人力资本金融发展影响出口技术复杂度的协同作用机理，并提出相关研究假设，采用2002—2015年中国省级地区面板数据进行实证检验。

6.2 制造业规模与科技、人才、金融协同的作用机理

自20世纪80年代以来，以制造业为核心的中国实体经济实现了快速的规模扩张，与此同时，中国出口技术复杂度也逐步提升，甚至一些学者认为中国出口技术复杂度已经远远超过中国经济人均收入的对应水平（Rodrik，2006；Schott，2008）。由工业化阶段理论所揭示的产业结构由劳动密集型行业主导先向资本密集型行业主导转变，再进而向技术密集型行业主导转变的过程，同样反映了实体经济的发展规律（黄群慧，2017）。现阶段，随着以制造业为核心的实体经济的发展，通过叠加数字化、信息化内容导致供给体系质量和技术水平不断提升。因此，实体经济发展可能是促进中国各地区出口技术复杂度提升的重要因素。

由相关文献可知，科技创新、人力资本和金融发展均是提升出口技术复杂度的重要驱动力（毛其淋和方森辉，2018；赵玉林和高裕，2019；毛其淋，2019；周茂等，2019；齐俊妍等，2011；刘威等，2018）。本书认为，实体经济发展能

够通过促进科技创新、人力资本积累和金融发展，并且扩大科技创新、人力资本积累和金融发展的驱动效应，从而对地区的出口技术复杂度产生提升作用。

6.2.1 制造业规模与科技创新的作用机理

制造业规模扩大有助于激发科技创新并促进技术扩散，且放大了科技创新对出口技术复杂度的提升效应。实体经济发展规模的扩大，有利于实体企业在市场上获取更多的经济收益和商业利润，这将为企业的研发投资提供稳定的资金来源，从而促进了企业的技术创新。此外，作为实体经济核心的制造业，不仅是技术创新的重要来源部门，而且是新产品和新技术工艺等科技创新成果的重要使用者和传播者（黄群慧，2017），因此实体经济发展有利于扩大科技创新的提升效应。一方面，经典的"干中学"理论认为，企业持续的生产制造活动中伴随着学习效应，依靠在加工制造中积累起的经验知识逐步完成对产品和工艺的改进，从而实现技术创新和突破（Arrow，1962）。例如，飞机机身制造所需的工时数与已经制造的该种类型飞机数量的立方根成反比，这一经验规律意味着在持续生产制造过程中实现了技术工艺改进和创新（Arrow，1962；张延，2009）。另一方面，实体经济的发展为来自科学研究领域的技术成果提供了应用和试验场所，加速了科技创新成果的转化和跨部门扩散转移（赵玉林和高裕，2019）。基础科学前沿知识的流入和应用，以及不同领域内的知识整合，均有利于形成和提高一个地区在技术复杂产品方面的制造能力。因而，实体经济发展通过促进科技创新并扩大科技创新的提升效应，促进了地区的出口技术复杂度。

6.2.2 制造业规模与人力资源的作用机理

制造业规模扩大吸引人才资源的集聚并提高其专业技能水平，并且有利于释放人力资本对出口技术复杂度的提升效应。实体经济的规模扩张为高等学校毕业生创造出大量的就业岗位，促进了高素质人才在实体经济发展程度较高地区的集聚，提升了地区的教育人力资本禀赋基础。实体经济吸纳的具有较高知识和学历水平的就业人员，通过参与大规模、近距离的生产锻炼和在岗培训等实践活动，在短短几年时间内迅速成长为熟练技能劳动力和业务骨干人才，这促进了地区的技能型人力资本积累和扩张。这些具有较高学历水平，同时又拥有丰富技能的劳动力往往掌握着关于大量产品生产制造与工艺流程的隐性知识，相比普通劳动者，他们更可能发现产品和生产工艺的缺陷并提出技术改进方案（纪雯雯和赖德胜，2016；毛其淋，2019），从而提高企业产品的技术复杂度。在实体经济发展水平较高的地区，劳动力资源"池"内蕴含着丰富的兼有理论知识与实践技能的人才，这些高素质的人力资源在当地企业之间流动有助于实现地区层面向具有高技术复杂度的产品转型升级。此外，实体经济重要组成的工业部门专业化水平提升，促进了人力资本在经济增长中的效应提升（Teixeira & Queirós，2016），而出口技术复杂度较高的地区通常具有较高的经济增长率（Hausmann et al.，2007），因而制造业规模扩大有利于提升人力资本对出口技术复杂度的促进效应。换言之，人力资本积累在实体经济发展水平高的地区对出口技术复杂度提升具有更大的效应。

6.2.3   制造业规模与金融体系的作用机理

制造业规模扩大为金融体系提供资金需求和利润来源，且有助于金融体系发挥对出口技术复杂度的提升效应。一方面，实体经济的规模增长伴随着对金融服务和资金的需求，在市场需求的推动下金融体系实现规模扩张和服务质量提升（孙继国和吴倩，2019）。金融体系的发展通过降低信息不对称导致的逆向选择问题，降低了具有高风险性和高不确定性的企业研发活动的融资成本（齐俊妍等，2011）。另一方面，实体经济快速发展带来的高收益会激发金融体系服务实体经济的动机，为实体经济部门中外部融资依赖程度高的技术复杂产品生产提供融资，促进了地区出口技术复杂度的提升。然而，金融体系发展以及经济金融化也可能将金融资源过度配置到风险性高的投资，当这些金融投资的收益不能保证时，坏账率高企导致信贷市场崩溃，便会加剧经济的系统性风险和经济危机发生的可能性（Gai et al.，2008；Borio & Lowe，2002），这将会抑制地区出口的技术复杂度提升进程。2008 年发生在美国的次贷危机较好地说明了金融体系风险积聚的后果。作为经济社会中技术进步的主要来源部门，在技术进步推动下的实体经济发展可为金融部门提供高额回报，这会降低系统性风险和金融危机发生的可能性（Ductor & Grechyna，2015），从而有利于金融体系发挥对企业出口和技术复杂度的提升效应。此外，实体经济发展吸引创新性人力资本集聚，避免过多高素质人才因薪酬激励过度配置到金融部门（Ang，2011；李静等，2017），从而有利于实体企业在高技术复杂度产品的生产方面形成比较优势。因此，制造业规模扩大促进金融发展并且扩大金融体系的作用，从而提升地区的出口技术复杂度。

6.2.4 研究假设

上述分析表明，制造业规模扩大可能对出口技术复杂度产生提升效应，且可能扩大科技创新、人力资本积累和金融体系发展对出口技术复杂度的提升效应。这意味着，实体经济与科技创新、人力资本、现代金融体系对提升地区的出口技术复杂度提升存在"1+1>2"的协同效应。基于此，本章提出如下研究假设：

假设 6-1：制造业规模扩大促进了地区出口技术复杂度；或者说，制造业规模水平较高的地区，出口技术复杂度也处于较高水平。

假设 6-2：制造业规模扩大了科技创新、人力资本、金融发展对出口技术复杂度的提升效应；或者说，制造业规模扩张与科技创新、人力资本、金融体系发展对出口技术复杂度提升具有正向协同效应。

6.3 模型设定、变量与数据

6.3.1 模型设定

为了考察产业体系构成要素对中国不同地区出口技术复杂度的影响，参考既有研究出口技术复杂度影响因素的相关文献思路，本章构建如下计量模型：

$$ETS_{rt}=\alpha_0+\alpha_1 real_{rt}+\alpha_2 innov_{rt}+\alpha_3 hc_{rt}+\alpha_4 fd_{rt}+\beta X+\lambda_r+\varepsilon_{rt} \qquad (6\text{-}1)$$

其中，ETS_{rt} 表示地区 r 在年份 t 的出口技术复杂度，$real_{rt}$ 表示实体经济发展水平；$innov_{rt}$ 表示地区科技创新水平，hc_{rt} 表示地区人力资本水平，fd_{rt} 表示金融发展水平；式(6-1)中还控制了其他影响国家或地区出口技术复杂度的因素 X，包括基础设施水平($infra_{rt}$)、外商投资水平(fdi_{rt})、加工贸易占比($process_{rt}$)以及地区对外开放水平($open_{rt}$)；λ_r 表示不随时间变化的地区层面个体效应，ε_{rt} 是随机扰动项。

本章试图进一步探讨实体经济与产业体系其他构成要素协同发展对出口技术复杂度的影响，在式(6-1)的基础上，分别纳入实体经济与不同构成要素的交互项，从而构建如下计量模型：

$$ETS_{rt} = \alpha_0 + \alpha_1 real_{rt} + \alpha_2 innov_{rt} + \alpha_3 hc_{rt} + \alpha_4 fd_{rt} \tag{6-2}$$
$$+ \alpha_5 real_{rt} * F + \beta X + \lambda_r + \varepsilon_{rt}$$

其中，F 表示产业体系的其他构成要素，主要包括科技创新($innov_{rt}$)、人力资本(hc_{rt})和金融发展(fd_{rt})。如果实体经济与不同构成要素的交互项系数 α_5 为正，则分别表示实体经济发展有助于扩大科技创新、人力资本积累以及金融发展对出口技术复杂度的促进作用。根据协同理论，这也表明实体经济与产业体系构成要素对地区出口技术复杂度的提升存在协同效应。

6.3.2 变量测度

(1)出口技术复杂度(ETS)。Hausmann et al. (2007)根据比较优势原理提出了测度一国出口技术复杂度的方法(EXPY 指数)，并获得学术界的广泛采用，如Rodrik(2006)采用两步法测算 EXPY 指数后发现，中国的出口技术复杂度远远高于对应的人均收入水平。实际上，Hansmann 等人的出口技术复杂度测度方法可能存在两个偏误，一是忽视了中国不同地区之间存在的经济发展差异(Xu，2010)，二是来料加工装配和进料加工等加工贸易的广泛存在导致中国在高技术产品领域的出口量剧增，从而引起中国实际出口技术复杂度的测度偏差(Van Asscheh & Gangnes，2008)。基于此，这里借鉴陈晓华、黄先海和刘慧(2011)的修正方法测度中国不同地区的出口技术复杂度。首先，测算某一产品的技术复杂度：

$$PEST_i = \sum_r \frac{(1-\theta_{ri})x_{ri} / \sum_i (1-\theta_{ri})x_{ri}}{\sum_r [(1-\theta_{ri})x_{ri} / \sum_i (1-\theta_{ri})x_{ri}]} Y_r \tag{6-3}$$

其中，$PEST_i$ 表示产品 i 的技术复杂度，x_{ri} 表示地区 r 产品 i 的出口额，θ_{ri} 表示地区 r 产品 i 加工贸易形式进口的中间产品比例，具体用该地区某一产品贸易中来料加工装配贸易和进料加工贸易的进口额与该产品出口额的比例表示，Y_r 表示地区 r 的人均收入。其次，采用上述某一产品技术复杂度测算地区 r 的出口技

术复杂度:

$$ETS_r = \sum_i \frac{(1-\theta_{ri})x_{ri}}{\sum_i(1-\theta_{ri})x_{ri}}PEST_i \qquad (6\text{-}4)$$

(2)实体经济发展(real)。学术界对于实体经济的理论界定并未形成统一,并且没有专门的统计测度指标。黄群慧(2017)从产业分类的角度提出了实体经济三个层次的分类框架:第一层次指的是实体经济的核心部分,即制造业 R_0;第二层次是指实体经济的主体部分,包括 R_0、农业、建筑业和除制造业以外的工业,用 R_1 表示;第三层次是实体经济的整体部分,包括 R_1 和除金融业和房地产业以外的其他服务业,用 R_2 表示。借鉴黄群慧(2017)的分类标准,本书认为制造业或工业是实体经济的核心定义,并考虑相关数据的可获得性,采用地区生产总值中来自的工业的部分作为实体经济发展的测度指标。

(3)科技创新(innov)。科技创新是提升一国和地区出口技术含量的重要推动力量(赵玉林和高裕,2019),参考戴翔和金碚(2014)的处理方法,这里采用地区 R & D 经费内部支出与 GDP 的比值作为科技创新水平的测度指标。

(4)人力资本(hc)。人力资本扩张对提升中国出口技术复杂度的作用受到一些学者的关注(Wang & Wei,2010;毛其淋,2019;周茂等,2019),熟练劳动力丰富和较高人力资本水平的地区和城市倾向于拥有较高的出口技术复杂度。这里采用地区 6 岁以上人口的平均受教育年限作为人力资本水平的衡量指标,其中不识字或识字很少教育年限为 0 年,小学为 6 年,初中为 9 年,高中为 12 年,大专以上为 16 年。

(5)金融发展(fd)。参考齐俊妍(2011)的做法采用私人信贷与 GDP 比重衡量金融发展水平,具体来说,以地区银行业金融机构各项贷款余额与该地区生产总值的比例作为代理指标。

(6)基础设施建设(infra)。王永进等(2010)的研究表明,基础设施建设降低了企业的调整成本,将有利于那些易受外部风险和不确定性影响的具有较高复杂度和价值含量产品的出口,从而提升一国出口的复杂度和全球价值链地位。这里采用公路里程与地区总人口的比值作为基础设施水平的衡量指标。

(7)外商直接投资(fdi)。外商直接投资对出口技术复杂度的作用并未形成一致性结论,Wang & Wei(2010)发现外商直接投资不能解释中国不同城市出口技术结构与高收入国家的相似性的差异，而祝树金等（2013）研究发现 FDI 显著促进了中国出口技术复杂度的提升。这里采用不同地区外商投资总额作为外商直接投资水平的代理变量。

（8）加工贸易占比（process）。Xu & Lu（2009）的分析表明，加工贸易是影响中国的出口技术复杂度的重要因素，这里采用地区来料加工装配贸易和进料加工贸易进口额与地区出口额的比例度量加工贸易水平。

（9）对外开放（open）。借鉴文献中的普遍做法，采用地区进口和出口总额与地区生产总值的比例作为对外开放程度的衡量指标。

6.3.3　数据说明

本章根据省级区域层面不同产品类别的海关出口数据以及加工贸易进口数据，依据式（6-3）和式（6-4）测算了中国 30 个省份 2002—2017 年的出口技术复杂度。海关 HS 编码将所有出口产品分为 22 个类别，为了保证测度结果的说服力，本章只保留了以工业制成品为主的 13 个类别产品和行业，数据来源于国务院发展研究中心信息网（国研网）数据库。表 6-1 列出了 13 个行业类别的出口技术复杂度，可以看出各个类别产品的技术复杂度在 2002—2017 年均实现较快的提升，这主要归因于中国经济快速发展和人均 GDP 的提升。从细分行业类别来看，第十六类的机电、音像设备及其零件、附件，第十七类的车辆、航空器、船舶及运输设备，第十八类的光学、医疗等仪器、钟表、乐器，以及第二十类的杂项制品等行业的技术复杂度较高，在不同年份始终处于前 4 位；而第四类的食品、饮料、酒及醋、烟草及制品，第六类的化学工业及其相关工业的产品，以及第七类的塑料及其制品、橡胶及其制品等行业的技术复杂度较低。

图 6-1 绘制了 2017 年中国不同地区出口技术复杂度与人均 GDP 的散点分布关系图，可以看出，出口技术复杂度与人均 GDP 之间存在较高的相关性，一般出口技术复杂度较高的地区，其人均 GDP 水平较高，但也存在一些例外。例如，重庆、陕西、甘肃、四川以及广东等地区的出口技术复杂度远远高于人均收入的对应水平，而云南、宁夏和内蒙古等地区的出口技术复杂度远远低于人均收入的对应水平。

类别	名　　称	2002	2007	2012	2017
第四类	食品；饮料、酒及醋；烟草及制品	8584	13380	21534	27633
第六类	化学工业及其相关工业的产品	7383	12371	21525	28910
第七类	塑料及其制品；橡胶及其制品	6847	15244	25201	32739
第八类	革、毛皮及制品；箱包；肠线制品	10558	16333	22787	31258
第九类	木及制品；木炭；软木；编结品	8692	14905	24476	30412
第十类	木浆等；废纸；纸、纸板及其制品	9844	17683	22752	29981
第十一类	纺织原料及纺织制品	10503	16656	24967	32505
第十二类	鞋帽伞等；羽毛品；人造花；人发品	11375	15599	23274	29213
第十三类	矿物材料制品；陶瓷品；玻璃及制品	8603	15229	23112	31417
第十五类	贱金属及其制品	7064	14238	26132	32712
第十六类	机电、音像设备及其零件、附件	13393	22890	28972	36119
第十七类	车辆、航空器、船舶及运输设备	11453	17092	27979	34736
第十八类	光学、医疗等仪器；钟表；乐器	11996	20248	31524	40340
第二十类	杂项制品	12882	19798	25065	36939

表 6-1 不同类别行业的出口技术复杂度（*PEST*）

注：单位为以 2000 年为基期的不变价元。

解释变量中科技创新水平的相关数据来自历年《中国统计年鉴》，衡量人力资本水平的不同学历层次的人口数据来自历年《中国人口与就业统计年鉴》和《中国人口统计年鉴》，测算地区金融发展水平所需的银行业金融机构各项贷款余额来自历年《中国金融统计年》，其余解释变量的数据均来自国研网数据库。为了消除价格因素的影响，本章对实证分析中涉及的实体经济、人均 GDP、外商直接投资等相关变量均转换为以 2000 年为基期的不变价格数据序列。此外，为避免异常值的影响，对所有变量均在 1% 水平上缩尾处理。由于西藏自治区的相关变量存在缺失，在后文的计量分析中将其从样本中剔除。变量的相关系数矩阵和描述性统计见表 6-2。

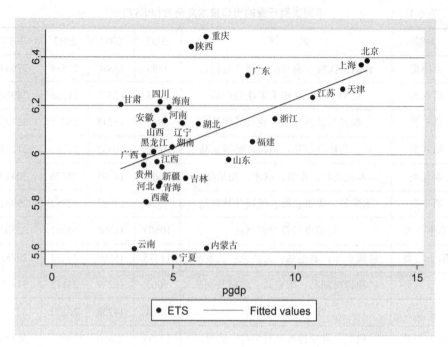

图 6-1　2017 年中国省级区域出口技术复杂度与人均 GDP 散点图

资料来源：作者采用 STATA 软件绘制。

表 6-2　　　　　　　　　　变量相关系数矩阵和描述性统计

变量	ETS	real	innov	hc	fd	infra	fdi	process	open	Mean	S. D.
ETS	1									1.978	0.684
real	0.51	1								3.015	1.103
innov	0.33	0.32	1							1.291	1.021
hc	0.56	0.40	0.73	1						8.609	0.943
fd	0.24	-0.19	0.65	0.46	1					1.122	0.374
infra	0.31	-0.17	-0.43	-0.27	-0.24	1				3.175	0.641
fdi	0.41	0.76	0.55	0.58	0.15	-0.49	1			7.687	1.416
process	0.21	0.26	0.28	0.29	0.15	-0.34	0.53	1		0.171	0.144
open	0.11	0.29	0.67	0.58	0.52	-0.58	0.67	0.46	1	0.327	0.401

资料来源：作者采用 STATA 软件计算与整理。

由表 6-2 可知，地区出口技术复杂度与实体经济发展的相关系数为 0.51，表明两者存在较高的正向相关性，初步说明了实体经济发展水平高的地区可能伴随着较高的出口技术复杂度。此外，科技创新、人力资本积累、金融发展均与地区出口技术复杂度之间也存在正相关性。下一节将通过严谨的计量经济分析进一步检验在控制这些因素后实体经济发展与地区出口技术复杂度的关系。

6.4 制造业规模与科技、人才、金融协同的效应检验

由于面板数据中包含了时间成分，为排除"伪回归"的影响，在利用中国省级区域面板数据进行实证分析之前，首先对数据序列的平稳性进行检验。采用面板 LLC 平稳性检验发现，各个变量均在 1%显著性水平上拒绝了存在单位根的原假设，表明实证分析中涉及的变量是平稳的，因而可以通过回归分析探讨变量之间的关系。

6.4.1 制造业规模作用的基准回归

在面板回归分析之前，需要在 Pooled OLS、固定效应和随机效应等模型中作出选择。F 检验发现，均在 1%水平上拒绝了原假设，表明存在显著的省份个体效应；进一步地，Hausman 检验也在 1%水平上了拒绝了采用随机效应模型的原假设，因此本章采用面板固定效应模型进行拟合估计。为了防止模型中序列相关、截面相关和异方差等问题对估计结果的干扰，采用综合处理上述问题的 Driscoll & Kraay(1998)方法调整标准误，估计结果见表 6-3。

表 6-3 中第(1)列只包含协同发展产业体系中四个核心要素的估计结果，第(2)~(5)列是依次加入基础设施建设、外商直接投资、加工贸易和对外开放等控制变量的估计结果。本章采用方差膨胀因子(VIF)检验回归模型中是否存在多重共线性问题，结果发现各个模型中 VIF 的最大值均小于 10，平均值均小于 5，表明模型中不存在严重的多重共线性问题。

表6-3   **产业体系构成要素与出口技术复杂度的回归结果**

	（1）	（2）	（3）	（4）	（5）
real	0.861 ***	0.791 ***	0.755 ***	0.740 ***	0.738 ***
	（0.039）	（0.048）	（0.044）	（0.042）	（0.043）
innov	0.203 ***	0.201 ***	0.185 ***	0.219 ***	0.215 ***
	（0.018）	（0.020）	（0.020）	（0.025）	（0.032）
hc	0.338 ***	0.327 ***	0.324 ***	0.325 ***	0.325 ***
	（0.054）	（0.059）	（0.061）	（0.059）	（0.059）
fd	0.498 ***	0.551 ***	0.544 ***	0.522 ***	0.519 ***
	（0.158）	（0.149）	（0.141）	（0.146）	（0.137）
infra		0.128 ***	0.116 ***	0.120 ***	0.122 ***
		（0.042）	（0.040）	（0.040）	（0.043）
fdi			0.070	0.060	0.061
			（0.042）	（0.044）	（0.049）
process				0.226 ***	0.233 ***
				（0.078）	（0.080）
open					−0.031
					（0.152）
常数项	−4.349 ***	−4.511 ***	−4.845 ***	−4.805 ***	−4.800 ***
	（0.407）	（0.450）	（0.515）	（0.509）	（0.493）
N	420	420	420	420	420
R^2	0.9419	0.9433	0.9440	0.9446	0.9446
F	399.114	1434.498	1328.911	1325.014	1254.965

注：括号内为标准误，*、** 和 *** 分别表示 $p<0.1$，$p<0.05$ 和 $p<0.01$。

由第（1）列可知，实体经济发展的估计系数为 0.861，且在 1% 的置信水平上显著，表明实体经济发展对地区出口技术复杂度具有显著正向影响，一个地区的实体经济发展规模越大，其出口产品的技术复杂度越高。作为实体经济核心的制造业不仅是产品创新和工艺创新的主要来源，同时也是新型技术工艺的使用者与传播者(黄群慧,2017),新技术知识在不同部门的扩散与整合有利于提升制成品的技术含量。另外,实体经济的大规模产品生产与制造使得缺乏经验的劳动力通过"干中学"迅速成长为熟练劳动力,增加了熟练劳动力数量和高素质人力资本规模,这为向高技术产品生产结构的转换提供了要素禀赋基础,从而提高地区出口的技术含量与复杂度。黄群慧(2017)认为实体经济发展不仅表现为制造业规模的扩大与占比提升,更为重要的是在工业化过程中,制造业向数字化和信息化的转型与制造业供给体系质量的提升,最终表现为制造复杂产品能力的增强。因此,实体经济发展有利于促进一个地区出口技术复杂度的提升。

地区科技创新变量的系数估计值为 0.203,且在 1% 水平上对出口技术复杂度具有显著正向影响,表明科技创新对提升出口技术复杂度有重要推动作用,这与戴翔和金碚(2014)采用 62 个国家(地区)经验分析与毛其淋和方森辉(2018)基于企业层面分析的结果是一致的,他们同样发现创新能力和研发创新显著促进了国家和企业层面的出口技术复杂度。科技创新通过促进技术知识、技能在不同产品部门的扩散与整合,提升企业的生产率水平并克服出口贸易面临的固定成本,以及通过"创造性破坏"打破高技术行业的技术性贸易壁垒(赵玉林和高裕,2019),进而有利于提升地区的出口技术复杂度。科技创新除直接通过提升技术含量和生产效率这一显性途径外,还可以通过经济发展水平这一隐形途径影响出口技术复杂度(张艾莉和尹梦兰,2019)。

作为地区人力资本水平代理指标的平均受教育年限的估计系数为在 1% 的置信水平下显著为正,表明人力资本积累与扩张是提升地区出口技术含量的重要途径,地区平均受教育年限每提高 1 年,将促进出口技术复杂度提升 0.338 万元。这一结果与 Wang & Wei(2010)、周茂等(2019)、毛其淋(2019)的结论是一致的。周茂等(2019)和毛其淋(2019)将始于 1999 年的中国高校扩张作为准自然实验,研究发现高校扩招带来的人力资本积累扩张提升了城市和企业的出口技术复杂度。其中,2000—2006 年城市出口技术复杂度的全部提升中约 30% 来自高校扩招导致的人力资本扩张(周茂等,2019)。3~4 年的高校扩招促进各个地区就业人口的受教育水平以及知识技能提升,这不仅为地区和企业的产品更新与改进,以及产品结构转型升级提供了人力资本禀赋基础,而且作为"技术载体"的人力资本可以刺激企业的研发投资意愿(周茂等,2019;毛其淋,2019)。

金融发展对地区出口技术复杂度的影响系数为 0.498，且在 1% 的水平上通过了显著性检验，这证实了金融发展对提升出口技术复杂度的促进效应，与现有文献的研究结论是一致的，如齐俊妍等（2011）、刘威等（2018）的跨国经验分析结论，以及郭亦玮等（2013）针对中国省级区域的研究结果。金融发展水平的提高有利于克服企业融资过程中的信息不对称，这对不确定性较大和研发融资需求较大的高技术复杂度产品生产更为重要，金融发展水平高的国家和地区在生产高技术复杂度的产品方面更具比较优势（齐俊妍等，2011）。此外，金融发展还可以通过人力资本积累、FDI 技术溢出以及研发效率等渠道提升地区的出口技术复杂度（顾国达和郭爱美，2013；刘威等，2018）。

由此可知，在第（1）列不加入控制变量的情况下，协同发展体系的四个关键要素均对地区出口技术复杂度提升具有显著提升效应。在第（2）~（4）列分别依次纳入控制变量后发现，实体经济发展的估计系数存在一定程度的缩小，但仍然在 1% 的置信水平上显著为正，科技创新、人力资本积累以及地区金融体系发展变量的系数和符号均没有发生显著变化，这在一定程度上说明上述实证分析结果具有可靠性。

从控制变量的回归结果来看，基础设施建设的估计系数均在 1% 水平上显著为正，说明基础设施建设对地区出口技术复杂度提升存在正向促进作用，这与王永进等（2010）的结论是一致的。第（3）~（5）列中，外商直接投资的估计系数为正，但未呈现出统计显著性，表明外商直接投资没有提升中国省级区域的出口技术复杂度。Wang & Wei（2010）同样发现，外商直接投资并没有促进中国出口制成品结构与发达国家的相似性。第（4）列的结果显示，加工贸易占比的估计系数为 0.226，且在 1% 水平上显著，表明加工贸易提升了中国不同地区的出口技术水平，与此类似的是，Xu & Lu（2009）研究发现外资企业的加工贸易占比对出口技术复杂度提升具有正向影响。第（5）列进一步加入了对外开放变量，尽管其估计系数为负，但不具有统计显著性，这表明单纯的贸易开放不一定带来出口技术复杂度的提升。

6.4.2 制造业规模与科技、人才、金融协同的作用

从上一小节的结果来看，协同发展产业体系的构成要素均促进了地区出口技

术复杂度。为了进一步探讨实体经济与产业体系内科技创新、人力资本以及金融发展等要素的协同作用，采用与表6-3相同的方法对模型(6-2)进行估计，结果列于表6-4。为避免直接相乘构造的交互项与原变量之间可能存在多重共线性问题，采用将变量均作中心化处理后再相乘的方式构造交互项。

表 6-4   实体经济与其他要素对地区出口技术复杂度的协同效应

	（1）	（2）	（3）	（4）
real	0.738 ***	0.779 ***	0.773 ***	0.756 ***
	(0.043)	(0.048)	(0.039)	(0.049)
innov	0.215 ***	0.170 ***	0.141 ***	0.203 ***
	(0.032)	(0.041)	(0.049)	(0.036)
hc	0.325 ***	0.294 ***	0.312 ***	0.313 ***
	(0.059)	(0.057)	(0.056)	(0.059)
	(0.152)	(0.139)	(0.135)	(0.142)
real * innov		0.045 ***		
		(0.014)		
real * hc			0.051 ***	
			(0.017)	
real * fd				0.086 ***
				(0.027)
控制变量	是	是	是	是
固定效应	是	是	是	是
N	420	420	420	420
R^2	0.9446	0.9454	0.9461	0.9452
F	1254.965	1615.311	3033.310	1061.195

注：括号内为标准误，* 、** 和 *** 分别表示 $p<0.1$、$p<0.05$ 和 $p<0.01$。

作为参照和对比，第(1)列是模型中没有纳入交互项的估计结果，第(2)~(4)列是包含实体经济发展(real)分别与科技创新要素(innov)、人力资本变量

（hc）、金融体系发展（fd）的交互项的结果。由第（2）列可知，实体经济发展与科技创新的交互项系数为 0.045，且在 1% 的显著性水平下通过了检验，并且其他变量的符号和显著性并没有发生变化。在加入交互项后，科技创新的边际效应为 $0.17+0.045*real$，表明科技创新对出口技术复杂度的促进作用受到地区实体经济发展水平的影响，实体经济发展扩大了科技创新对地区出口技术复杂度的提升效应。作为实体经济核心的制造业不仅是科技创新的重要来源，而且为科技创新成果提供了应用场景，制造业规模扩张有利于加快科技创新成果的扩散，带来的规模经济效应为进一步科技创新提供稳定的资金来源，这都有利于提升出口技术复杂度。此外，实体经济发展的边际效应为 $0.779+0.045*innov$，这表明科技创新有助于释放实体经济发展对提升出口技术含量的促进作用。实体经济发展与科技创新的效应存在相互影响和相互作用，两者对地区出口技术复杂度的提升具有正向的协同效应。

由第（3）列可知，实体经济发展与人力资本积累的交互项在 1% 的显著性水平上为正，说明两者的协同互动促进了地区出口技术复杂度。从边际效应来看，一方面，人力资本扩张对出口技术复杂度的边际影响为 $0.312+0.051*real$，随着实体经济发展水平的提高，人力资本扩张对出口技术复杂度的驱动效应增大，表明实体经济发展有利于扩大人力资本扩张的促进作用。如前文理论机理分析，一方面，规模较大的实体经济创造了丰富的就业岗位，为具有知识和技能的高人力资本提供施展才智的机会；另一方面，随着实体经济规模的不断扩大，人力资本通过"干中学"效应以及在职培训等方式实现技能的积累，并成长为熟练劳动力，促进了人力资本对出口技术复杂度的提升作用。此外，实体经济发展对出口技术复杂度的边际影响为 $0.773+0.051*hc$，表明人力资本扩张也对实体经济发展的效应存在正向调节作用，人力资本水平越高，实体经济发展对出口技术复杂度的促进作用越大。因此，在提升地区出口技术复杂度方面，实体经济发展与人力资本扩张的相互依赖和相互影响有利于形成两者对提升地区出口技术复杂度的协同效应。

第（4）列的结果显示，实体经济发展与金融体系发展交互项的系数估计值为 0.086，且通过了 1% 置信水平上的显著性检验，这表明实体经济发展与金融体系发展的协同互动对地区出口技术复杂度提升具有显著促进效应。金融体系发展的边际效应为 0.549+0.086 * *real*，可见金融体系发展的作用效果是实体经济发展水平的函数，实体经济发展规模的扩大有利于发挥金融体系对出口技术复杂度的提升效应。实体经济作为金融服务的需求方，其规模扩大衍生了对金融体系的巨大融资需求，特别是高技术复杂度产品研发和生产中的融资需求更大，从而放大了金融体系对出口技术复杂度的促进作用。此外，实体经济的发展还可以避免创新性、高素质人力资源过度配置到金融部门，这也有利于提升出口技术复杂度。

结合表 6-3 的结果可知，实体经济发展不仅直接促进地区的出口技术复杂度，还扩大了科技创新、人力资本积累、金融体系发展对出口技术复杂度的提升效应，实体经济与产业体系的其他构成要素包括科技创新、人力资本和金融发展对出口技术复杂度的提升具有 1+1>2 的协同效应。因此，实现实体经济、科技创新、现代金融体系、人力资源的协同发展，对提升地区的出口技术含量乃至实现中国对外贸易高质量发展具有重要意义。

6.4.3 稳健性检验

为了验证上述分析结果的稳健性，本章主要考虑变量测度误差和内生性问题，分别采用适合的实证方法进行稳健性估计。

一是，本章采用扣除加工贸易进口计算的出口技术复杂度，尽管有利于控制加工贸易出口导致出口技术复杂度偏高的情形，但这可能与 Hausmann et al. (2007)的原始技术复杂度 *EXPY* 指数之间存在测度误差。基于此，采用不扣除加工贸易进口的原始方法测度出口技术复杂度，将其作为因变量进行重新估计，结果见表 6-5。

从表 6-5 来看，实体经济发展和协同发展产业体系的其他构成要素均对地区出口技术复杂度提升具有显著的正向促进作用。第(3)~(5)列的结果显示，实体经济发展与科技创新、人力资本和金融发展的交互项均至少在 5%水平上显著为正，表明实体经济发展有助于扩大科技创新、人力资本和金融发展对地区出口技术复杂度的提升效应。实体经济、科技创新、金融体系、人力资本的协同发展对促进中国出口贸易高质量发展具有重要的推动作用，这与之前的估计结果是一致的。

表6-5　　　　　　　　稳健性检验：替换出口技术复杂度测度方法

	（1）	（2）	（3）	（4）	（5）
real	0.851***	0.714***	0.760***	0.752***	0.727***
	（0.037）	（0.037）	（0.042）	（0.032）	（0.043）
innov	0.209***	0.237***	0.187***	0.155***	0.228***
	（0.019）	（0.032）	（0.039）	（0.046）	（0.036）
hc	0.350***	0.337***	0.302***	0.322***	0.328***
	（0.050）	（0.056）	（0.054）	（0.053）	（0.057）
fd	0.481***	0.489***	0.535***	0.574***	0.512***
	（0.162）	（0.141）	（0.147）	（0.153）	（0.153）
real * *innov*			0.051***		
			（0.015）		
real * *hc*				0.057***	
				（0.015）	
real * *fd*					0.066**
					（0.027）
控制变量	是	是	是	是	是
固定效应	是	是	是	是	是
N	420	420	420	420	420
R^2	0.9440	0.9479	0.9489	0.9498	0.9483
F	464.746	2369.609	2449.552	7730.432	1648.274

注：括号内为标准误，*、** 和 *** 分别表示 $p<0.1$，$p<0.05$ 和 $p<0.01$。

二是，实体经济发展提升了地区出口技术复杂度，出口技术复杂度的提升可能带来实体经济规模增长。为了避免实体经济发展与出口技术复杂度之间存在的双向因果关系，采用实体经济发展的滞后一期作为自身的工具变量进行 IV-GMM 估计，结果见表6-6。

表 6-6   **稳健性检验：IV-GMM 估计**

	(1)	(2)	(3)	(4)	(5)
real	0.944***	0.849***	0.908***	0.879***	0.883***
	(0.043)	(0.061)	(0.064)	(0.062)	(0.061)
innov	0.208***	0.216***	0.147**	0.123**	0.196***
	(0.044)	(0.054)	(0.058)	(0.060)	(0.054)
hc	0.252***	0.241***	0.200***	0.227***	0.223***
	(0.048)	(0.046)	(0.048)	(0.046)	(0.046)
fd	0.590***	0.601***	0.667***	0.708***	0.653***
	(0.072)	(0.074)	(0.081)	(0.082)	(0.083)
*real * innov*			0.073***		
			(0.023)		
*real * hc*				0.073***	
				(0.017)	
*real * fd*					0.132**
					(0.053)
控制变量	是	是	是	是	是
N	390	390	390	390	390
R^2	0.939	0.942	0.943	0.943	0.943
F	1239.221	675.325	617.169	593.921	608.434
Kleibergen-Paap rk LM	92.089	95.993	97.953	91.400	96.656
statistic	0.0000	0.0000	0.0000	0.0000	0.0000
Kleibergen-Paap rk Wald	5094.795	2785.138	1184.514	1546.644	1215.677
F statistic	16.38	16.38	7.03	7.03	7.03

注：( )内为标准误，[ ]内为识别不足检验的 p 值，{ }内为在 10% 水平下 Stock-Yogo 弱工具变量检验的临界值，*、** 和 *** 分别表示 $p<0.1$，$p<0.05$ 和 $p<0.01$。

从表 6-6 的结果可知，工具变量识别不足检验的 Kleibergen-Paap rk LM 统计量均在 1% 的显著性水平上拒绝了原假设，弱工具变量检验的 Kleibergen-Paap rk Wald F 统计量均大于 10% 显著性水平下的 Stock-Yogo 临界值，表明不存在工具变量识别不足和弱工具变量的问题。此外，工具变量个数等于内生变量的个数，因此不存在过度识别的情况。协同发展产业体系的构成要素实体经济发展、科技创新、人力资本、金融发展的估计系数均至少在5%水平上通过了显著性检验，表明实体经济发展等上述要素均对地区出口技术复杂度具有提升效应。实体经济发展与科技创新、人力资本、金融发展的交互项系数也在5%水平上显著为正，表明实体经济发展有利于改善其他三个要素的作用效果。实体经济发展与科技创新、人力资本、金融发展的相互依赖和相互影响，对地区出口技术复杂度具有协同提升效应，这与前文的实证结果是一致的。

6.5 拓展分析：不同阶段和地区异质性

6.5.1 金融危机前后的阶段性差异

由于样本考察期涵盖2008年全球金融危机这一重要事件，这可能会对产业体系内各构成要素的作用效果产生冲击。为了区分不同阶段内实体经济发展等要素对地区出口技术复杂度的影响差异，本章以2008年作为分组标志，将所有样本分为金融危机之前2002—2007年和金融危机之后2008—2015年两组样本。遵循与前文相同的实证思路，采用面板固定效应模型进行分组回归，估计结果见表6-7。

从表6-7的结果可知，实体经济发展的估计系数始终显著为正，第(1)~(3)列中实体经济发展在金融危机前影响系数位于0.45~0.47，始终小于第(4)~(6)列中金融危机之后实体经济发展的影响系数，这表明相较于金融危机之前的阶段，金融危机之后实体经济发展对地区出口技术复杂度的提升效应更大。这一结果比较直观且易于理解，在金融危机以后，美国和欧洲发达国家逐步意识到制造业空心化的危害和实体经济的重要性，纷纷出台再工业化战略和制造业回流计划，试图巩固其全球竞争力和价值链地位(余珮，2017)。不仅仅是美国和欧洲发达国家，本书的结果说明，金融危机后实体经济发展对中国等发展中国家出口技术含量和贸易高质量发展的促进作用也愈发重要。科技创新对出口技术复杂度提升具有显著正向影响，这与毛其淋和方森辉(2018)基于企业层面的分析结果是一致的。

表 6-7 金融危机前后的阶段性差异

	（1）	（2）	（3）	（4）	（5）	（6）
	金融危机前（2002—2007）			金融危机后（2008—2015）		
real	0.476***	0.454***	0.467***	0.949***	0.883***	0.956***
	(0.038)	(0.040)	(0.041)	(0.071)	(0.086)	(0.082)
innov	0.168***	0.177***	0.175***	0.053	0.153***	0.138***
	(0.046)	(0.034)	(0.040)	(0.051)	(0.043)	(0.028)
hc	0.065	0.059	0.064	0.210***	0.204***	0.211***
	(0.050)	(0.046)	(0.048)	(0.068)	(0.073)	(0.075)
fd	−0.242***	−0.261***	−0.219**	0.713***	0.701***	0.714***
	(0.085)	(0.080)	(0.085)	(0.047)	(0.071)	(0.083)
real * innov	0.006			0.131***		
	(0.016)			(0.038)		
real * hc		−0.019*			0.078***	
		(0.011)			(0.022)	
real * fd			0.053***			0.186***
			(0.014)			(0.066)
控制变量	是	是	是	是	是	是
固定效应	是	是	是	是	是	是
N	180	180	180	240	240	240
R^2	0.9296	0.9301	0.9305	0.9213	0.9207	0.9208
F	441.352	552.053	632.651	1135.752	1191.078	9968.769

注：括号内为标准误，*、** 和 *** 分别表示 $p<0.1$，$p<0.05$ 和 $p<0.01$。

人力资本扩张在金融危机以前阶段的系数为正且不具有显著性，但在金融危机后，人力资本的系数在1%的置信水平上显著为正，这表明金融危机前人力资本并没有发挥对出口技术复杂度的提升效应，而金融危机以后人力资本发挥了显著的提升效应。本书认为这可能与人力资本的作用存在滞后性有关，尽管我国从1999年开始高校扩招后在2003年迎来首届毕业生，但这些高素质人才进入工作岗位后需要经过3~4年的锻炼才能成为业务骨干，这导致金融危机前人力资本扩张对出口技术复杂度的提升效应难以显现。

金融发展在金融危机以前阶段的影响系数显著为负，但在金融危机以后阶段，金融体系发展的系数在1%的置信水平下显著为正，此外实体经济发展与金融发展交互项的系数在金融危机前后均显著为正。因而，在金融危机发生之前，金融体系发展对出口技术复杂度的边际效应为 $-0.219+0.053 * real$，这表明在金融危机以前，金融体系对出口技术复杂度的提升效应受到实体经济发展程度的影响。在实体经济发展落后的地区，金融体系的较快发展将会抑制出口技术复杂度的提升，而随着实体经济发展规模的扩大，金融体系发展将对出口技术复杂度产生正向的促进效应。这与 Ductor & Grechyna(2015)的研究结果较为接近，他们认为金融体系发展只有与实体经济发展规模相匹配时才会促进经济增长。

从实体经济发展与其他要素的交互项系数来看，在金融危机之前，实体经济与科技创新的交互项系数不显著，实体经济与人力资本的交互项系数在10%的置信水平下显著为负；在金融危机发生后，实体经济与科技创新、人力资本的交互项均在1%水平下显著为正。尽管实体经济与金融体系发展的交互项系数在金融危机前后均显著为正，但金融危机后的系数估计值显著大于金融危机以前。上述这些结果表明，2008年金融危机发生以后，实体经济发展显著扩大了科技创新、人力资本、金融体系发展的提升效应，实体经济与其他要素的协同互动有利于提升出口技术复杂度；而在金融危机之前的阶段，实体经济并没有扩大科技创新和人力资本的促进作用，甚至存在微弱的负向影响。相较于金融危机之前的阶段，在金融危机之后实体经济发展的作用被放大和强化，其在提升地区出口技术复杂度和实现贸易高质量发展中扮演着愈发重要的角色。

6.5.2 内陆与沿海的地区差异

中国不同地区之间较大的经济发展差异，特别是东部沿海地区占据了全部出口总量的绝大部分(Xu & Lu, 2009；陈晓华等，2011)，并且内陆地区的出口技术复杂度比沿海地区低(王永进等，2010；戴魁早，2018)。为了检验实体经济发展等要素对不同区域的出口技术复杂度是否存在差异，将全部省级区域按照是否为沿海地区划分为内陆地区样本和沿海地区样本，并采用面板固定效应模型进行分组估计，结果见表6-8。

表6-8 内陆地区与沿海地区的地区差异

	（1）	（3）	（5）	（2）	（4）	（6）
	内陆地区			沿海地区		
real	0.737***	0.716***	0.708***	0.945***	0.958***	0.898***
	（0.038）	（0.035）	（0.065）	（0.109）	（0.079）	（0.084）
innov	0.213**	0.108	0.237**	0.182**	0.194***	0.225***
	（0.094）	（0.096）	（0.097）	（0.065）	（0.052）	（0.056）
hc	0.322***	0.388***	0.336***	0.211*	0.167	0.227**
	（0.038）	（0.046）	（0.044）	（0.100）	（0.100）	（0.097）
fd	0.506***	0.565***	0.526***	0.679**	0.714**	0.663**
	（0.107）	（0.123）	（0.128）	（0.261）	（0.254）	（0.241）
real * innov	0.081***			0.024		
	（0.010）			（0.052）		
real * hc		0.081***			0.063**	
		（0.021）			（0.021）	
real * fd			0.199***			−0.041
			（0.044）			（0.052）
控制变量	是	是	是	是	是	是
固定效应	是	是	是	是	是	是
N	266	266	266	154	154	154
R^2	0.9474	0.9483	0.9474	0.9475	0.9484	0.9476
F	1032.591	1336.213	1562.691	2326.135	3241.503	1774.942

注：括号内为标准误，*、** 和 *** 分别表示 $p<0.1$、$p<0.05$ 和 $p<0.01$。

从表6-8可知，无论是在内陆地区还是沿海地区，产业体系的构成要素实体经济、科技创新、人力资本、金融发展等均出口技术复杂度具有显著正向促进效应。从作用效力来看，实体经济发展在内陆地区的影响系数始终小于沿海地区，表明实体经济发展对沿海地区出口技术复杂度的提升效应更大。造成这种差异的原因可能在于，一是实体经济发展程度在沿海地区更高，这不仅有利于实现技术学习、扩散和传播，而且通过大规模的"干中学"效应积累人力资本，从而促进企业向高技术复杂度产品转型升级；二是沿海地区通常拥有较低的贸易成本优势，这有利于使拥有先进技术和高复杂度产品的企业实现出口，此外沿海地区面临的激烈竞争压力也刺激企业不断提升技术水平（王永进等，2010；戴魁早，2018）。

从交互项的估计系数来看，首先，内陆地区样本中实体经济与科技创新的交互项系数为 0.081，且通过了 1% 水平上的显著性检验，但沿海地区中这一交互项的系数不显著，这表明内陆地区实体经济的规模扩张更有利于扩大科技创新对出口技术复杂度的提升效应。其次，内陆地区和沿海地区中实体经济发展与人力资本的交互项系数均至少通过了 5% 水平上的显著性检验，这表明人力资本对出口技术复杂度的促进作用受到实体经济发展的影响，实体经济越发达，人力资本的促进作用越大。这也意味着，实体经济发展与人力资本积累的相互影响和相互作用，对地区出口技术复杂度提升具有协同效应。最后，内陆地区样本中实体经济与金融发展的交互项系数为 0.199，在 1% 水平上显著为正，而在沿海地区样本中系数为-0.041，且不具有显著性。这说明了实体经济发展更有利于内陆地区金融体系发展发挥提升效应，但并没有提高沿海地区金融发展对出口技术复杂度的提升效应。这可能与沿海地区的金融发展水平较高以及金融体系过度膨胀较高有关，同时这也意味着实现实体经济与现代金融体系的协同发展将对中国出口技术复杂度和贸易开放质量具有重要意义。

由上述结果可知，尽管实体经济发展对沿海地区出口技术复杂度的提升效应更大，但实体经济发展显著扩大了内陆地区科技创新、人力资本、金融体系发展对出口技术复杂度的提升效应。这说明内陆地区出口技术复杂度的提升更加依赖于实现实体经济、科技创新、人力资本、现代金融体系的协同发展。

6.6　本章小结

本章将提升出口技术复杂度作为高质量发展的重要目标，考察了要素协同发展的出口技术结构升级效应。在前面两章的基础上将实体经济纳入考察范围，首先分析了实体经济与科技创新、人力资本、金融发展影响出口技术复杂度的协同互动机理，在剔除加工贸易进口价值后测度了 2002—2017 年中国省级地区的出口技术复杂度，实证检验了实体经济对地区出口技术复杂度的影响，并探讨了实体经济发展如何影响科技创新、人力资本、金融体系发展等对出口技术复杂度的提升效应。在此基础上，通过分组回归进一步区分了 2008 年全球金融危机前后两个不同阶段，以及内陆和沿海两类地区中出口技术复杂度驱动因素的差异。经过研究，本章得出以下主要结论：

第一，实体经济发展显著促进了中国各省级地区的出口技术复杂度提升。从实证结果来看，实体经济发展对不同地区的出口技术复杂度提升具有显著正向效应，科技创新、人力资本、金融体系发展等也具有显著的正向促进作用，且这一结论在考虑出口技术复杂度测量误差和变量内生性问题后依然成立，说明协同发展产业体系建设显著提升了中国各地区的出口技术复杂度。

第二，实体经济发展显著扩大了科技创新、人力资本和金融发展对出口技术复杂度的提升效应。影响机制检验发现，实体经济发展与科技创新、人力资本扩张、金融体系发展等产业体系构成要素的交互项系数均显著为正，表明科技创新、人力资本、金融体系对出口技术复杂度的提升效应在实体经济发展水平高的地区更大，实体经济发展与上述三要素之间存在提升出口技术复杂度的正向协同效应。

第三，实体经济发展与科技创新、人力资本和金融发展等要素的协同效应存在阶段性和地区异质性。分组检验发现，相较于金融危机之前，2008 年金融危机后实体经济发展对地区出口技术复杂的提升效应显著增大，且实体经济发展在金融危机后显著提升了科技创新、人力资本、金融体系发展的促进效应，表明实体经济发展与其他要素的协同效应在金融危机后更加显著；从区域层面来看，尽管实体经济发展对出口技术复杂度的提升效应在沿海地区更大，但实体经济发展显著扩大了内陆地区科技创新、人力资本、金融发展对出口技术复杂度的提升效应，这表明内陆地区出口技术复杂度升级更加依赖于实现实体经济与科技创新、人力资本、现代金融等产业体系其他构成要素的协同发展。

第 **7** 章

靶向性政策：
补贴分配与创新效果匹配的
高质量发展路径

7.1 政府补贴政策有效性的争议

由于企业研发活动具有公共物品属性，知识生产的正外部性导致企业技术创新投入不足(Arrow，1962)。因而，政府补贴成为多数国家和地区用以弥补市场失灵、激励企业创新的普遍做法。随着一系列科技发展计划的实施，中国政府对制造业企业的补贴金额呈现高速增长(陈玲等，2015)，来自《中国科技统计年鉴2016》的数据显示，2015年全国R & D经费内部支出中政府资金达到3013.2亿元，占当年全部R & D经费内部支出的21.26%。尽管运用政府补贴弥补研发活动中市场失灵的观点被政策制定者广泛接受，但仍有学者对创新补贴的操作和实施提出一些质疑，政府难以判断哪些产业或哪些企业项目的社会收益大于私人收益(Hubbard，2012)，以及补贴分配中寻租问题的存在(肖兴志和王伊攀，2014)，可能导致政府对资助企业选择的失灵超过市场失灵(Foray，2012)。

随着2016年9月财政部对外公布新能源汽车"骗补"的调查结果，对政府补贴政策有效性的质疑进一步加剧。那么，在当前政府研发补贴资金规模持续扩张的背景下，中国政府补贴是否具有创新激励效果？导致政府补贴对创新激励作用低下的原因是什么？如何有效地提升政府补贴政策的创新激励效果？研究这些问题不仅有利于理解和揭示政府补贴激励企业创新的作用机理，而且对创新驱动发展国家战略下政府创新补贴政策的定位设计与完善实施具有重要意义。

囿于测算方法的局限以及补贴激励效果的识别难度，现有文献关于政府补贴政策有效性存在较大分歧，且研究主要集中在对补贴政策实施效果的评估上，少有文献关注和揭示中国政府补贴创新激励效果不佳的结构性原因，因而，难以为政府改进和完善创新政策提供有效的支撑证据。

与既有文献相比，本章的贡献可能在于：一是基于制造业上市公司的微观数据，运用倾向得分匹配分析法(PSM)，克服样本选择偏差和内生性问题，提高政府补贴效果评价的科学性和可信性；二是从不同的企业特征和不同的市场化环境的视角，分别评估政府补贴的创新激励效果，揭示政府补贴对不同特征和异质环境下企业创新激励效果的差异；三是通过比较政府补贴分配倾向性更高的企业与创新激励效果更佳的企业，明确当前政府补贴的分配倾向与创新激励效果的结构性偏差，揭示当前中国政府补贴政策绩效低下的原因。

7.2 研究设计、变量与数据

7.2.1 研究方法

按照对照实验方法的设计思想，随机选择实验组与对照组。除实验变量外，控制对照组的其他变量与实验组保持相同，对照组也称为控制组。由于随机分组，实验组和控制组中其他变量的影响是相等且均衡的，因而实验组与控制组结果变量之间的差异可认为是来自实验变量的作用效果。本章考察的是政府补贴的创新激励效果，因此实验变量为是否获得政府补贴，结果变量为企业的研发投入。然而，政府对补贴对象企业的选择不是随机的，即补贴企业和未获得补贴企业的初始条件不同，这样就产生了样本选择偏差。将获得政府补贴企业称为"补贴组"企业，没有获得政府补贴企业称为"控制组"企业，为了解决样本选择偏差问题，采用 Rosenbaum & Rubin(1983)提出的倾向得分匹配分析(PSM)来筛选控制组样本，即通过寻找与补贴组企业各种特征尽可能相似的控制组企业来降低样本选择偏误，从而提高可比性。

评价政府补贴效果的核心就是回答这样一个问题，如果补贴组企业没有获得政府补贴，其研发投入是否会有差异？因而，补贴组企业的平均处理效应可表示为：

$$\text{ATT} = E(Y_1 \mid D=1) - E(Y_0 \mid D=1) \tag{7-1}$$

其中，Y_1 和 Y_0 分别表示同一个企业在取得补贴和没有取得补贴两种情形下的研发投入；D 表示企业处于补贴组还是控制组的虚拟变量，补贴组企业取值为 1，控制组企业取值为 0。补贴组企业研发投入的均值 $E(Y_1 \mid D=1)$ 可根据样本数据计算得到，补贴组企业在反事实框架下(假设没有取得补贴时)的研发投入均值 $E(Y_0 \mid D=1)$ 是不能观测的，这样就引起了数据缺失的问题。一个简单的做法是采用控制组企业研发投入均值 $E(Y_0 \mid D=0)$ 代替 $E(Y_0 \mid D=1)$，这样将造成严重的"样本选择偏误"，因为政府补贴的分配不是完全随机的，因服从于国家科技发展的战略安排，政府对补贴对象的选择具有特定偏好，倾向于将企业本身的自主创新能力作为甄选补贴对象的重要参考信息，企业也会依据自身获得补贴的概率决定是否申请，这会引起政府补贴与研发投入之间的内生性问题，可能导致对政府补贴实施效果的有偏估计。

因此，为了解决潜在的估计偏误问题，倾向得分匹配分析（PSM）通过寻找与补贴组企业具有尽可能相似特征的控制组企业，增强补贴企业和未补贴企业之间的可比性，进而达到降低样本选择偏误的目的。正如对照实验的设计思想，由于补贴组企业和经过匹配的控制组企业的差别仅仅在于是否获得政府补贴，因而两者研发投入的偏差可认为是由政府补贴带来的额外效应。

在匹配过程中，如果仅仅考虑一个企业特征，往往无法得到有效的配对效果，补贴组企业与匹配企业之间依然存在很大差异，而基于多维企业特征进行匹配时，很难找到与补贴组企业所有特征都十分接近的控制组企业。因而，PSM 通过采用函数的方式将多维企业特征浓缩成一个名为"倾向得分"的指标，这样就克服了多维匹配的技术难度。假设在企业特征 X 条件下，某个企业取得政府补贴的倾向得分为：

$$P = \Pr(D = 1 \mid X = X) \tag{7-2}$$

由于倾向得分往往不可观测，一般运用 Logit 或 Probit 模型对企业获取政府补贴的倾向得分进行估计，本章设定的 logit 模型如下：

$$\text{Logit}(subsidy) = \beta_0 + \beta_1 rd - + \beta_2 size + \beta_3 age + \beta_4 roa + \beta_5 lev + \beta_6 flow \tag{7-3}$$
$$+ \beta_7 grow + \beta_8 share1 + \beta_9 gdp + \beta_{10} market + \mu_{type} + \mu_{inds} + \varepsilon$$

具体变量定义及符号说明见后文。依据 logit 模型估计得到倾向得分，通过将补贴组企业与其倾向得分相同的控制组企业匹配。具体匹配方法又可以分为最近邻匹配、半径匹配和核匹配，本章采用最近邻一对一匹配方法，即为每个补贴组企业匹配得到唯一一个倾向得分最为接近的控制组企业，匹配原则如式(7-4)所示：

$$C(i) = \min_j \| p_i - p_j \| \tag{7-4}$$

其中，$C(i)$ 表示与补贴组中第 i 个企业相匹配的控制组企业的集合，p_i 和 p_j 分别表示补贴组中第 i 个企业和控制组中第 j 个企业的倾向得分。

最终，经过匹配后的补贴组平均处理效应可由式(7-5)表示，即在有效控制样本选择偏误和内生性问题时政府补贴对企业研发投入的实施效果。

$$\text{ATT} = E(Y_1 \mid D = 1, \ P(X = X)) - E(Y_0 \mid D = 0, \ P(X = X)) \tag{7-5}$$

7.2.2 数据和变量

本章使用沪深两市上市公司的数据，数据来源于 WIND 金融数据库。由于 2006 年《国家中长期科学和技术发展规划纲要（2006—2020 年）》的发布对中国创新政策产生了重要影响，评估新的创新政策下政府补贴的实施效果具有参考意义，且 2007 年中国开始实施新的会计准则，与前面数据的可比性较差，且为保证企业面临相似的宏观环境以提高匹配分析的科学性，我们用来考察政府补贴实施效果的样本区间为 2007—2010 年。为保证结果的稳健性，我们对样本进行了如下处理：一是剔除了非制造业上市公司；二是删除了 * ST 类的上市公司，并剔除了主要变量缺失的观测企业；三是为了防止离群值的影响，我们对主要连续变量在 1% 水平上进行了缩尾处理。最终选择了 2037 家上市公司，共计 5489 个观测值。

本书对各变量进行了明确的界定，政府补贴（subsidy）使用上市公司"营业外收入"科目中的政府资助作为是否获得补贴的依据，若金额数值大于 0，取值为 1；若无政府补贴，取值为 0。研发投入（R & D）用上市公司研发经费表示，这是评价政府补贴实施效果所关注的结果变量。企业前期研发投入是影响政府补贴分配和筛选的参考因素，政府倾向于将补贴给予具有研发基础和创新能力的企业，以"企业前一年是否有研发投入"作为虚拟变量来测度企业研发基础，用符号 rd_ 表示。企业规模（size）用上市公司资产总计的对数表示，用以控制政府补贴分配中的规模因素。企业年龄（age）代表了企业经营经验，企业成立时间越长，其从事研发活动和申请补贴的经验越多，取得政府补贴的概率越大，用当年年份与企业开业年份的差值来衡量。为提高政府补贴项目的成功率，政府更倾向于对经营业绩较好的企业进行补贴，以总资产收益率（roa）作为企业经营绩效的衡量指标。资产负债率（lev）和流动比率（flow）代表企业的财务状况，企业资产负债率越高，越难以给研发活动分配资金。使用主营业务收入增长率作为衡量企业成长能力（grow）指标，用以控制企业成长性对政府补贴分配的影响。股权集中度（share1）会影响上市公司职业经理人对研发投资的决策，进而影响企业能否获取政府补贴，我们以第一股东持股比例来衡量股权集中度。企业的所有权性质可能是影响企业是否获得政府补贴的重要因素，本书依据所有权性质的不同设置了虚拟变量。

为了控制地区层面的因素，我们还设置了两个地区变量，分别是地区市场化水平（*market*）和地区经济发展水平（*gdp*），分别采用地区市场化相对指数和地区人均 GDP 的对数表示，数据来源于《中国市场化指数》和《中国统计年鉴》。此外，中国政府实施了旨在促进高新技术产业发展的战略规划，为了控制不同行业类型的影响，我们将企业所在的国民经济行业作为虚拟变量加入模型。

变量的描述性统计列于表 7-1。样本中 37%的企业获得了政府补贴，52%的企业上一期存在研发活动，这为后文的倾向得分匹配分析法提供了良好的匹配条件。

表 7-1 　　　　　　　　　　　**变量的描述性统计**

变量	均值	标准差	最小值	中位数	最大值
subsidy	0.37	0.48	0	0	1
*rd_*	0.52	0.5	0	1	1
size	16.21	1.31	11.75	16.13	21.3
grow	0.34	4	−1	0.18	251.8
age	12.74	4.64	1	12	33
roa	11.06	10.23	−16.63	9.31	47.51
lev	47.73	20.79	5.79	48.36	125
flow	2.22	3.58	0	1.39	88.73
*share*1	34.21	14.63	3.62	32.5	93.36
gdp	−3.6	0.48	−4.96	−3.48	−2.81
market	9.09	1.95	2	9.46	11.45

7.3　政府补贴的分配倾向及整体效果

7.3.1　政府补贴的分配倾向分析

在将补贴组企业和控制组企业进行匹配之前，首先需要估计各个企业获得政府补贴的倾向得分值。基于模型设定中的式(7-3)，运用 Logit 模型进行估计。

表 7-2 列出了企业获得政府补贴概率的影响因素。

表 7-2 政府补贴的分配机制：基于 logit 模型的估计

subsidy	（1）	（2）	（3）	（4）
size	0.04	0.092 ***	0.154 ***	0.172 ***
	(1.64)	(3.67)	(5.68)	(6.01)
grow	−0.003	0	−0.000	−0.000
	(−0.31)	(0.02)	(−0.02)	(−0.05)
age	0.01	0.020 ***	0.022 ***	0.025 ***
	(1.5)	(2.98)	(3.26)	(3.52)
roa	0.012 ***	0.009 ***	0.007 **	0.007 **
	(4.55)	(3.09)	(2.40)	(2.46)
lev	−0.003 ***	−0.002 *	−0.002 **	−0.002 *
	(−2.59)	(−1.96)	(−1.97)	(−1.72)
flow	0.100 ***	0.084 ***	0.080 ***	0.086 ***
	(7.3)	(6.28)	(5.93)	(6.15)
share1	0.001	−0.001	0.001	0.003
	(0.36)	(−0.29)	(0.41)	(1.24)
gdp	1.256 ***	1.145 ***	1.207 ***	1.236 ***
	(12.37)	(11.01)	(11.42)	(11.48)
market	−0.197 ***	−0.200 ***	−0.229 ***	−0.241 ***
	(−8.05)	(−7.97)	(−8.92)	(−9.07)
rd_		0.795 ***	0.759 ***	0.754 ***
		(12.39)	(11.71)	(11.32)
国企虚拟变量			0.527 ***	0.504 ***
			(5.2)	(4.71)
行业虚拟变量				控制
Pseudo R^2	0.0506	0.0723	0.0779	0.0842
N	5489	5489	5489	5489

注：*、** 和 *** 分别表示在 10%、5% 和 1% 水平下显著，省略常数项。

表 7-2 中第（1）列是基准模型，第（2）~（4）列是在第（1）列的基础上依次加入"前期企业是否有研发投入" rd_、产权性质虚拟变量和行业虚拟变量。比较四个模型的 Pseudo R2，发现第（4）列的解释力度最强，因此最终选择使用第（4）列进行匹配分析。根据第（4）列估计结果，企业规模（size）在 1% 水平上显著为正，表明企业规模越大，获得政府补贴的概率越高；主营业务收入增长率（grow）的影响系数不显著，表明是否获得政府补贴与企业成长性的关系不明显；企业年龄（age）的系数在 1% 水平上呈现显著性，企业年龄与获取政府补贴呈现正相关关系，成立时间长的企业在从事研发活动以及申请政府补贴方面拥有更丰富的经验，因而成功获得政府补贴的可能性更大。企业盈利能力（roa）的影响系数显著为正，资产负债率（lev）的影响系数在 1% 水平上显著为负，这表明政府更倾向于选择盈利性较好且负债率较低的企业进行补贴，以提高研发项目的成功率。流动比率（flow）对政府补贴具有显著正效应，这表明企业短期变现能力越强，其获得政府补贴的概率越高。第一股东持股比例（share1）的影响较小且不显著，表明股权集中程度不是影响企业能否获得政府补贴的因素。

从地区层面来看，地区经济发展水平（gdp）的影响系数显著为正，说明发达地区的企业获得政府补贴的概率要显著高于欠发达地区。地区市场化水平（market）对政府补贴具有显著负向影响，与地区经济发展水平不同，位于市场化水平较高地区的企业取得政府补贴的概率反而较低，市场化水平较高地区的政府对企业的干预程度较低，因而对应企业获得政府补贴的概率较小。这个结果表面上看似不一致，其实也不难理解，市场化和经济发展水平是相关但不完全一致的概念，北京和上海无疑是中国最发达的地区，同时政府分配资源占 GDP 的比例较高，安徽和河北虽然市场分配经济资源的比例高于北京和上海，但经济发展水平却不高（Boeing，2016）。

进一步，第（2）~（4）列中加入企业上一期是否有研发投入的虚拟变量后，大部分变量的系数及显著性保持不变，表明模型估计结果较为稳健。其中，前期有无研发投入（rd_）的影响系数在 1% 的显著性水平上为正，说明具有较好研发基础和创新能力的企业有更大概率取得政府补贴，这也是政府选择资助和补贴对象的重要筛选标准；第（3）和（4）列中依次加入企业所有权性质和企业所在行业的虚拟变量，其中国有企业虚拟变量的系数为正，表明国有企业更易于获得政府补贴，行业虚拟变量的显著性较差，其他结果并没有发生变化。

7.3.2　政府补贴的平均处理效应

根据 Logit 模型估计的上市公司倾向得分值，采用最近邻匹配方法进行匹配，匹配完成后，检验补贴组企业和控制组企业各变量在匹配前后的差异，结果列于表 7-3。从表 7-3 的结果可以看出，匹配前，补贴组企业与控制组企业各变量的偏差较大，匹配完成后两组的偏差缩小，除市场化指数外，各变量在补贴组和控制组的偏差均小于 5%，市场化指数的偏差也只有 5.5%。t 检验结果显示，匹配完成后补贴组与控制组的各变量并无显著差异。

表 7-3　　　　　　　　　　补贴组与控制组匹配前后各变量的差异比较

变量	样本	补贴组	控制组	偏差（%）	偏差减少（%）	t 值	p 值
rd_	匹配前	0.65611	0.43426	45.7	97.8	16.24	0
	匹配后	0.65611	0.66106	-1		-0.33	0.74
size	匹配前	16.215	16.216	-0.1	-5217.9	-0.02	0.98
	匹配后	16.215	16.166	3.7		1.17	0.243
grow	匹配前	0.32486	0.35146	-0.7	-436	-0.24	0.812
	匹配后	0.32486	0.46744	-4		-0.8	0.422
age	匹配前	12.732	12.725	0.2	-2231.7	0.05	0.957
	匹配后	12.732	12.567	3.5		1.14	0.254
roa	匹配前	12.325	10.059	13.1	68.9	4.36	0
	匹配后	12.325	13.028	-4.1		-1.66	0.096
lev	匹配前	44.773	66.437	-10	94.6	-3.18	0.001
	匹配后	44.773	43.603	0.5		1.59	0.111
flow	匹配前	2.9209	1.801	28.3	86.4	11.3	0
	匹配后	2.9209	2.769	3.8		1.04	0.297
share1	匹配前	34.603	34.068	3.7	-14.8	1.31	0.192
	匹配后	34.603	33.989	4.2		1.33	0.182
gdp	匹配前	-3.5051	-3.661	33.3	89.8	11.76	0
	匹配后	-3.5051	-3.5211	3.4		1.09	0.274
market	匹配前	9.2311	9.0038	11.7	53.2	4.18	0
	匹配后	9.2311	9.1247	5.5		1.75	0.081

图 7-1 给出了匹配前后补贴组与控制组倾向得分的概率密度图，由图 7-1(a)可以看出，匹配前，两组倾向得分的概率分布存在很大差别，控制组的倾向得分明显小于补贴组，这表明样本中的确存在选择偏误，补贴组企业获得补贴的概率要高于控制组企业；图 7-1(b)结果显示匹配完成后，补贴组与控制组的概率分布趋同，两组之间不存在明显差异。图 7-1 和表 7-3 的结果表明，最近邻匹配效果很好，可以近似认为满足倾向得分分析的共同支撑假设。

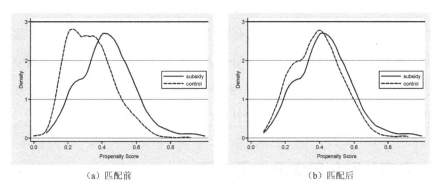

（a）匹配前   （b）匹配后

图 7-1　补贴组与控制组倾向得分的概率密度图

匹配前补贴组中共有 2021 家企业，控制组中有 3468 家企业作为潜在匹配对象，经历有放回的匹配后，1217 家控制组企业与补贴组企业建立了匹配对应关系。依据匹配后的数据，计算政府补贴的处理效应进行估计，并对处理效应显著性进行 t 检验，结果见表 7-4。匹配后政府补贴的处理效应反映了政府补贴对研发投入的实际效果，这是本书真正关心的结果变量，为了比较匹配分析前后的结果差异，表 7-4 也给出了匹配前的平均处理效应。

表 7-4　　　　　　　　　　政府补贴的平均处理效应(总体)

R & D	样本	补贴组	控制组	处理效应	标准差	t 值
总体	匹配前	3561.26	3001.27	559.99	532.37	1.05
	匹配后	3561.26	4534.48	-973.23	1084.09	-0.90

　　由表 7-4 可知，在匹配前，补贴组的平均研发投入为 3561.26 万元，高出控制组企业 559.99 万元；匹配后，控制组的平均研发投入为 4534.48 万元，反而高于补贴组企业的平均研发投入，t 检验发现这种"挤出效应"未呈现出统计显著性。匹配后政府补贴的平均处理效应缩减为负，说明倾向得分匹配分析避免了因企业和政府基于企业创新能力的内生选择而导致补贴效果存在估计偏误的问题。整体而言，政府补贴的平均处理效应表现为负且不显著，这表明政府补贴没有刺激上市公司增加研发投入，即政府补贴并未对企业的研发投入产生显著的"挤入效应"，庆幸的是"挤出效应"也不具有统计显著性，说明当前规模不断扩张的政府补贴对研发投入的激励效果并不十分令人满意，这与张杰等(2015)的研究结果一致，不显著的"挤出效应"暗示着政府补贴可能在一定程度上替代了企业自有研发投入，企业研发创新活动对政府补贴产生了严重依赖性。

7.4　政府补贴创新激励作用差异

　　如前文所述，整体而言，在当前分配机制下，政府补贴的创新激励效果并不令人满意。那么，是什么原因导致政府补贴呈现出较差的创新激励效果？政府补贴效果在不同特征的企业中是否存在差异？因此，为进一步揭示政府补贴创新激励效果的影响因素，并探讨政府补贴的分配倾向与创新激励效果的结构偏差，本书从所有权类型、企业规模、企业面临的融资约束和地区市场化程度等多层异质性视角考察政府补贴对研发投入的激励作用差异。

7.4.1　企业类型与规模异质性

　　依据上市公司所有制类型的不同，将上市企业分为国有企业和民营企业；依据企业规模的不同，将上市公司分为小型企业、中型企业和大型企业，进而通过与前文相同的倾向得分匹配分析方法，比较政府补贴平均处理效应的差异，结果见于表 7-5。

表 7-5　　企业类型与规模异质性视角的政府补贴平均处理效应

R&D	样本	补贴组	控制组	处理效应	标准差	t 值
国有企业	匹配前	6142.50	3550.97	2591.53	949.97	2.73***
	匹配后	6142.50	4322.61	1819.89	1398.09	1.30
民营企业	匹配前	2544.66	1281.98	1262.68	208.69	6.05***
	匹配后	2544.66	2006.61	538.05	310.67	1.73*
小型企业	匹配前	1346.31	718.87	627.44	68.61	9.15***
	匹配后	1346.31	977.23	369.09	127.24	2.9***
中型企业	匹配前	1935.55	993.64	941.91	107.26	8.78***
	匹配后	1935.55	1409.25	526.30	164.91	3.19***
大型企业	匹配前	7493.16	5942.64	1550.52	1587.28	0.98
	匹配后	7493.16	7941.60	−448.43	2614.44	−0.17

注：*、** 和 *** 分别表示在 10%、5% 和 1% 水平下显著。

表 7-5 的结果显示，在经过匹配有效控制样本选择偏误后，国有企业与民营企业以及不同规模企业间政府补贴对企业研发投入的影响效果具有很大的差异。主要表现为，虽然在匹配前，国有企业和民营企业中补贴组的研发投入明显高于控制组的研发投入，但更为重要的是，匹配后，国有企业中补贴组和控制组的研发投入偏差缩减为 1819.89 万元，经过 t 检验发现不具有统计显著性，说明国有企业政府补贴的"挤入效应"不显著，即为"中性效应"；匹配后民营企业中政府补贴的平均处理效应缩小为 538.05 万元，t 检验显示在 10% 的水平上显著。上述结果说明，政府对国有企业的补贴资金未能有效促进其研发投入，而对民营企业的补贴有效地刺激了其研发投入，政府给予民营企业的创新补贴对研发投入产生了"挤入效应"。一方面，国有企业产权不明晰，因而研发投资的激励不足。另一方面，由于国有企业具有资金优势且获取金融机构贷款较为便利，研发投资本身不存在融资约束，此时政府给予补贴有可能替代企业自由资金。此外，国有企业比民营企业有更多的政策性负担，这都可能是造成政府补贴对国有企业研发投

入"挤入效应"不显著的原因。

对不同规模企业的匹配结果显示，不管在匹配前还是匹配后，政府补贴在小型企业和中型企业的平均处理效应都为正，且在1%水平上显著，这表明政府补贴有效促进了中、小型企业增加研发投入，产生了"挤入效应"；匹配前，大型企业的平均处理效应为正，匹配后这种效应表现为负，即补贴组大型企业比控制组大型企业的研发投入平均减少448.43万元，但这种"挤出效应"不具有统计显著性。由此可见，政府补贴对中、小型企业的研发投入具有显著的"挤入效应"，而对大型企业研发投入具有负向效应，但不显著。可能的原因是，中小型企业内部资金流量有限，且外部融资较为困难，此时政府给予补贴可以缓解中小企业研发投资外部融资短缺，从而具有明显的"挤入效应"，而大型企业可以通过向银行等金融机构融资获取研发投资，若此时政府给予大企业补贴，反而可能替代自有资金或者外部融资，从而导致激励效果不显著。

7.4.2　企业融资约束异质性

上述分析表明，民营企业和中小企业中政府补贴创新激励效果较为明显，一般而言，民营企业和中小型企业面临的融资约束程度较高，因而一个符合逻辑的推测是，企业面临的融资约束可能是影响政府补贴效果的重要因素。借鉴孙灵燕和李荣林(2011)的做法，本章从内源融资和外源融资两个层面将企业分为两组，分别采用企业现金流与总资产之比、利息支出与总资产之比作为内源融资约束和外源融资约束的指标，这两个指标的值越大，表明企业面临的融资约束程度越低。经过倾向得分匹配分析后，不同融资约束程度下政府补贴的平均处理效应列于表7-6。

表7-6的结果显示，对面临较高内源融资约束的企业，在匹配前和匹配后补贴组比控制组的研发投入分别高出1595.27万元和1626.67万元，t检验显示两者都在1%水平上显著；对面临较低内源融资约束的企业，匹配前和匹配后补贴组的研发投入都低于控制组的研发投入，但这种"挤出效应"不具有统计显著性，说明政府补贴对面临较高内源融资约束的企业研发投入具有"挤入效应"，对内源融资约束较低的企业没有明显作用。相应地，我们从匹配后的结果发现，面临较高外源融资约束企业的平均处理效应为负，不具有显著性；面临较低外源融资

表 7-6   融资约束异质性视角下政府补贴的平均处理效应

R & D	样本	补贴组	控制组	处理效应	标准差	t 值
内源融资	匹配前	3269.96	1674.69	1595.27	367.55	4.34***
约束高	匹配后	3269.96	1643.29	1626.67	562.54	2.89***
内源融资	匹配前	4488.65	5925.70	−1437.05	1538.60	−0.93
约束低	匹配后	4488.65	4913.20	−424.55	1963.23	−0.22
外源融资	匹配前	4056.54	2975.19	1081.35	523.69	2.06**
约束高	匹配后	4056.54	4467.14	−410.60	993.02	−0.41
外源融资	匹配前	3525.74	3468.13	57.61	1259.74	0.05
约束低	匹配后	3525.74	6467.39	−2941.65	2097.96	−1.40

注：* 、** 和 *** 分别表示在 10%、5% 和 1% 水平下显著。

约束的企业中，补贴组平均研发投入低于控制组 2941.65 万元，"挤出效应"依然不具有显著性，但从 t 统计量来看，随着企业外源融资约束的放松，政府补贴对研发投入的"挤出效应"开始逐渐变大。这表明，在当前金融发展滞后、企业面临融资约束的背景下，政府补贴作为一种外部资金，可以有效缓解企业因融资约束导致的企业研发投入不足的状况，刺激企业增加研发投入，但对没有面临融资约束的企业则政府补贴的效果不显著。

经过以上分析，可以反映出当前政府补贴分配倾向与创新激励效果之间的结构性偏差，一方面，政府补贴倾向于流入国有、大型和负债率低等财务状况良好的企业，而流入民营、中小型和负债率高等财务状况差的企业的倾向较低；另一方面，政府补贴对大型、国有和融资约束低等财务状况良好的企业没有产生创新激励效果，而对民营、中小型和面临融资约束等财务状况差的企业具有创新激励作用。这种补贴分配倾向与其实施效果的结构性偏差是造成政府补贴整体上并未对企业研发投入产生"挤入效应"的重要原因。

7.4.3 地区市场化水平异质性

企业的融资状况与地区的市场化水平具有相关性，一般市场化水平高的地区，企业的融资约束程度较低；市场化水平低的地区，企业的融资约束程度更高。因此，为探究企业所处地区市场化程度是否会影响政府补贴的效果，我们根据地区市场化指数将所有企业划分为高、中、低三种不同市场化水平的企业，表7-7 报告了不同市场化程度分组企业的平均处理效应。

表 7-7　　　　　地区市场化异质性视角下政府补贴的平均处理效应

R & D	样本	补贴组	控制组	处理效应	标准差	t 值
低市场化	匹配前	3204.30	1847.13	1357.17	514.28	2.64 ***
	匹配后	3204.30	1595.68	1608.62	755.21	2.13 **
中市场化	匹配前	4026.90	4840.09	−813.19	1635.67	−0.50
	匹配后	4026.90	7190.61	−3163.71	2850.41	−1.11
高市场化	匹配前	4267.53	3244.22	1023.31	1007.53	1.02
	匹配后	4267.53	6753.25	−2485.72	1360.03	−1.83 *

注：*、** 和 *** 分别表示在10%、5%和1%水平下显著。

我们发现，在经过匹配控制选择性问题后，政府补贴对不同地区市场化水平的企业具有不同的作用。地区市场化水平低的企业中政府补贴的平均处理效应在5%水平上显著为正，具有显著的"挤入效应"；地区市场化水平中等的企业中政府补贴对研发投入的处理效应不显著，表现为"中性效应"；地区市场化水平高的企业中政府补贴的处理效应在10%水平上显著为负，具有显著的"挤出效应"，这表明不同市场化水平的地区政府补贴的处理效应存在差异，从市场化水平落后地区到市场化水平中等的地区，再到市场化水平发达的地区，政府补贴对研发投入的实施效果逐渐变差，表现为从"挤入效应"到"中性效应"再到"挤出效应"。主要是因为，市场化水平高的地区的企业更容易通过金融资本市场获得外部研发资金，此时如果企业获得了政府补贴，就替代了原本来源于企业自有资金和外部渠道的研发投入，产生了"挤出效应"；而市场化水平低的企业难以通过外部金融市场获得资金，因而政府补贴对研发投入具有激励作用，在市场化发展较为滞后的情形下，政府补贴可以对企业研发投入形成有效的弥补机制及激励机制。正是在不同企业间的作用效果方向的差异，"挤入效应""挤出效应"和"中性效应"的抵消与叠加，从整体上来看，政府补贴的创新激励效果没有显现。

7.5 本章小结

随着政府补贴规模的扩张，如何提升政府补贴的创新激励效果是学术界和政策制定者研究和关注的热点问题。本章基于来自 Wind 金融资讯数据库的制造业上市公司微观数据，利用倾向得分匹配法(PSM)考察了政府补贴的分配倾向，以及现有分配倾向下政府补贴对企业研发投入的激励效果，从不同的企业特征及市场化环境角度探讨了政府补贴创新激励效果的异质性，通过比较补贴分配倾向和创新激励效果的异质性，揭示了政府补贴分配倾向与实施效果的结构性偏差。本章研究得出如下结论：

(1)政府补贴的分配倾向流入大型、国有、成立时间长、营利性强、负债率低且具有研发基础的企业，经济发达和低市场化程度地区的企业更容易获得政府补贴；在现有分配机制下，政府补贴整体上并未对企业研发投入产生"挤入效应"，也没有产生"挤出效应"，说明在当前政府补贴分配机制下，尽管政府补贴的规模不断扩张，但是政府补贴的创新激励效果并不令人满意。

(2)政府补贴的激励作用在不同企业间存在显著差异，导致整体创新激励效果不明显。政府补贴对民营企业和中小型企业的研发投入具有显著的"挤入效应"，而对国有企业的"挤入效应"不显著，对大型企业具有不显著的"挤出效应"；政府补贴显著促进了面临较高融资约束的企业的研发投入，对融资约束程度低的企业"挤出效应"不显著；政府补贴对低市场化地区企业具有"挤入效应"，对中度市场化地区企业的创新激励作用不显著，对高市场化地区企业具有"挤出效应"；由于政府补贴在不同类型企业间的"挤入效应""挤出效应"及"中性效应"相互叠加和抵消，整体上呈现出政府补贴没有刺激企业研发投入的作用效果。

(3)当前政府补贴分配倾向与其创新激励效果存在严重的结构性偏差，调整政府补贴的分配机制可以改善其创新激励效果。一方面，政府倾向于给予规模大、财务绩效好的国有企业更多的补贴，而大型、国有和财务约束较低企业中政府补贴没有对研发投入产生有效的激励效果；另一方面，政府补贴对中小型、民营企业的研发投入具有显著的"挤入效应"，但中小型、面临财务约束的民营企业获得政府补贴的概率较低。这表明，调整政府补贴的现有分配机制有利于提升政府补贴的创新激励效果。

7.5　本章小结

第 **8** 章 │ 结论与建议

8.1 主要结论

党的二十大报告指出，高质量发展是全面建设社会主义现代化国家的首要任务。制造业作为国民经济的主体，其高质量发展对推进和实现中国式现代化具有重要的意义。本书从要素协同的系统论角度，探索中国制造业高质量发展的路径。具体地，首先从效率、效益和结构等方面提出了制造业高质量发展的测度指标，并通过与美国比较明确了中国制造业高质量发展水平，接着从要素协同的角度揭示了中国制造业高质量发展的六条路径。主要结论如下：

第一，中国制造业发展质量整体上呈现不断提升的趋势，但与作为制造业强国的美国仍有较大差距，特别是在高技术产业领域的差距比传统产业的差距更大。

从生产效率视角来看，2000—2014 年中国制造业总体实际 TFP 增长率高于美国，存在追赶效应，其中金融危机后中国制造业实际 TFP 增长率下降形势严峻，追赶效应逐步衰弱；中国制造业现价 TFP 仍与美国存在较大差距，且金融危机后差距具有拉大趋势，2014 年制造业总体现价 TFP 是美国同年的 39.89%，高技术产业仅为美国的 37.6%；从贸易增加值收益视角来看，中国制造业出口增加值率和全球价值链地位均呈现先下降后上升的"V 形"趋势，但始终低于美国；随着行业技术密集度提高，美国国内增加值率和经济地位指数上升，而中国呈现下降趋势，中国高技术产业价值增值能力与美国的差距大于制造业总体；从出口技术含量视角来看，除 2009 年存在向下波动外，增加值视角下中国制造业出口技术复杂度整体上呈现上升趋势，但始终低于美国、德国和日本；中国高技术产业的出口技术复杂度高于德国和日本，但低于美国。

第二，制造业高质量发展不只依赖技术或制度创新，技术和制度两者协同、双轮驱动是高技术产业持续发展的重要路径。

关于经济发展中制度创新还是技术创新具有决定作用的争议由来已久，这一问题将直接影响中国制造业发展路径选择的方向。本书基于中国高技术制造业的发展经验，从政府干预下降程度、市场发育程度和产权制度创新程度等角度构造制度创新指数，运用联立方程模型和协同效应模型，揭示了制度创新和技术创新的协同互动作用，并测度了两者推动高质量发展的纯效应和协同效应。结果显示，制造业高质量发展不只依赖技术或制度创新，技术和制度两者协同、双轮驱动是高技术产业持续发展的重要路径。具体来说，技术创新与政府干预程度下降、市场发育以及产权制度创新等存在显著的协同互动关系。一方面，政府干预程度下降、市场发育以及产权保护增强等制度创新显著提高了高技术产业的技术创新绩效；另一方面，高技术产业技术创新带动了政府干预减少、产品和要素市场发育以及产权制度创新。技术创新与制度创新的协同互动对高技术制造业生产率具有显著的协同效应。

第三，科技创新与人力资本协同发展是破解中国制造业"研发-生产率悖论"和促进制造业高质量发展的关键。

中国制造业研发投入快速增长，作为高质量发展指标的全要素生产率增速下降，陷入科技创新困境和出现"研发-生产率悖论"，这严重阻碍制造业的高质量发展。本书在"研发-生产率"关系的研究框架下引入人力资本，论证科技创新与人力资本协同的发展路径可行性，并采用中国制造业细分行业层面数据进行实证检验。结果发现，单独自主研发创新、合作研发创新和非研发创新均没有对制造业全要素生产率产生显著影响，但是自主研发创新、合作研发创新、非研发创新与人力资本的交互项均对制造业全要素生产率具有显著正向效应，表明科技创新和人力资本对制造业全要素生产率具有协同效应；科技创新在人力资本的支配下呈现出不断增加的非线性效应，门槛检验结果显示，随着人力资本水平的不断提升，自主研发创新、合作研发创新和非研发创新对全要素生产率的促进效应逐步增大。通过比较数据也发现，中国研发投入强度接近 OECD 国家水平，但就业中高技能人员（如研发人员）仍不足 OECD 国家的 1/3，这可能是导致中国制造业出现"研发-生产率悖论"的原因。因此，科技创新与人力资本协同发展是制造业高质量发展的重要路径，即在研发投入增长的同时，着力提升人力资本和增加高级人才。

第四，基于"引进来"与"走出去"战略协同的视角，海外研发与技术引进互动是中国制造业高质量发展的重要路径。

海外研发投资是对外投资的高级阶段，也是实施创新驱动发展战略的重要方式。海外研发行为不仅能发挥创新效应、知识溢出效应等正面作用，还面临外来者劣势、吸收能力不足、抑制规模经济等负面作用。本书从技术开发的"引进来"与"走出去"协同的角度，提出海外研发与技术引进互动的路径，利用制造业行业面板数据论证了两者互动的高质量发展效应。研究发现，从制造业总体来看，中国海外研发投资整体上没有提升制造业总体绿色发展质量。双向固定效应回归结果显示，海外研发投资对制造业总体的绿色发展质量影响不显著，且这一结果在控制内生性问题后仍然成立。但是，海外研发投资行为与技术引进等行为间存在显著的协同效应。一方面，海外研发投资有利于改善技术引进行为对制造业绿色发展质量的作用效果；另一方面，技术引进行为强化了海外研发投资对制造业绿色发展质量的提升效应，这表明"引进来"和"走出去"战略互动有助于促进中国制造业实现绿色高质量发展。

第五，金融发展与科技创新的协同发展，发挥金融"光明面"，避免"黑暗面"，有利于促进制造业实现高质量发展。

自金融危机以来，关于金融体系对经济发展"黑暗面"的讨论激增。如何充分利用金融体系的光明面，避免黑暗面，推动制造业高质量发展是值得思考的关键问题。本书从国内增加值收益能力的角度，考察了金融发展推动制造业质量提升的作用机理，提出了金融发展与科技创新协同的路径。通过构造金融发展与科技创新投资的偏离指标，运用来自全球 42 个经济体的跨国层面数据进行了实证检验。结果发现，金融发展对制造业全球价值链地位具有显著的提升效应，但当金融发展速度超过科技创新投资速度时，即偏离科技创新投资需求的金融体系膨胀和过度发展，将对全球价值链地位产生抑制效应。面板分位数回归结果显示，随着全球价值链地位的提升，金融体系发展的促进效应逐渐缩小，金融体系与科技创新投资需求的偏离对全球价值链地位的抑制效应逐渐增大。这表明，对全球价值链地位较低的发展中国家而言，金融发展对全球价值链分工地位具有较大的提升效应，随着全球价值链地位的提升，金融体系与科技创新协同发展的重要性日益凸显。因此，当金融发展脱离实体经济科技创新投资需求时，将对制造业高质量发展产生抑制效应，这为金融体系与科技创新协同的发展路径选择提供了证据。

第六，保持制造业比重，发挥制造业规模优势与科技创新、人力资本与金融发展的协同作用是实现高质量发展的必由之路。

中国经济"过度去工业化"与制造企业"金融化"加剧,已经影响制造业发展的根基。在新发展格局下,保持和发挥制造业规模优势能否提升制造业发展质量?在"脱实向虚"的背景下,这一问题受到广泛关注。本书从出口技术结构的角度分析了制造业规模扩张的效应,从创新、人才和金融等方面揭示了制造业规模的作用机制,并利用中国省级地区数据进行了实证检验。结果发现,制造业规模扩张对出口技术复杂度提升具有显著正向效应,科技创新、人力资本、金融体系发展等也具有显著的正向促进作用;影响机制检验发现,制造业规模扩张与科技创新、人力资本扩张、金融体系发展的交互项系数均显著为正,表明制造业规模越大,科技创新、人力资本、金融体系对出口技术复杂度的提升效应越大,即制造业规模优势扩大了科技创新、人力资本和金融要素的正向作用,制造业规模与创新、人才和金融要素具有协同效应。因此,保持制造业比重、发挥制造业规模优势是实现高质量发展的必由之路。

第七,补贴分配倾向与创新效果相匹配,提高政策资源靶向性是促进制造业高质量发展的重要路径。

制造业高质量发展依靠有效的政策。如何改进和设计政府补贴政策,有效刺激制造业创新和高质量发展?本章基于制造业上市公司的微观数据,运用倾向得分匹配分析法(PSM)克服样本选择偏差和内生性问题,讨论了政府补贴政策的分配倾向,评估了补贴对企业创新的激励效果。结果发现,补贴分配政策与创新激励效果存在结构性的偏差,这是补贴政策有效性不足的原因之一,通过设计具有靶向性政策,将补贴分配与创新效果进行匹配,是实现制造业高质量发展的路径。

8.2　政策建议

中国制造业发展质量仍与作为制造业强国的美国之间存在显著差距,理论分析和实证检验表明,不同要素协同对中国制造业实现高质量发展具有显著促进效应,这些研究结论蕴含着丰富的政策启示。

(1)清醒认识当前中国制造业发展质量与美国之间的差距,着力提升高技术产业领域的生产效率与价值增殖能力。当前中国制造业在生产效率、贸易增加值收益、出口技术含量等方面均与美国存在较大差距，且这一差距在金融危机后出现扩大的趋势。相对于传统行业，在高技术产业领域内，特别是计算机、电子产品和光学产品制造业，中国与美国的差距更大。因此，对于中国制造业发展质量的判断不能盲目乐观，更不能误导政策制定者的决策，避免发达国家高估中国制造业发展质量而制造针对中国的贸易争端；在清醒认识到自身存在的不足后，需要继续加大高技术产业领域核心环节关键技术的研发，拥有自主可控的知识产权，形成具有高附加值的中间核心部件的生产制造能力，提升中国制造业出口产品的国内附加值和价值获取能力，逐步缩小中国高技术产业国内附加值率和价值获取能力与美国等发达国家的差距。

(2)通过协调技术创新与制度创新的关系，促使"两个轮子"同时发力，有利于形成驱动产业增长和转型升级的协同效应。具体来说，考虑到当前"制度-技术"路径协同效应小于"技术-制度"路径的协同效应，市场化进程落后的地区应当推进制度创新，通过制度创新带动技术创新，提升技术创新绩效，实现产业向创新驱动发展；鉴于当前政府干预产业程度较高，其与技术创新形成协同效应较小，当前应该通过提升政府行政审批便捷程度，降低政府对产业发展的干预程度，保持政府补贴的适度规模，优化研发补贴的投入结构；由于制度创新中市场发育与技术创新的协同效应最大，要着重推进要素市场和产品市场的改革，规范和完善市场交易制度，破除地方商品保护，完善高技术企业投融资体系，实现人才特别是研发人员的自由流动机制，提升技术创新绩效，这对推动产业实现创新发展和转型升级，占据全球价值链的高端环节具有重要意义。

(3)加快创新型人力资本积累，促进科技创新投资与研发人力资本的协同与匹配。首先，要加快人力资本本土培育和海外引进，实施不同层次的海外人才引进计划，促进研发人力资本积累与快速增长的科技创新投入之间协同匹配。其次，适当提高社会和企业中创新部门的薪酬与工资水平，缩小科技创新部门与非科技创新部门特别是金融证券业之间的薪酬差距。通过薪酬激励高端人才进入科技创新部门工作，弥补当前研发人力资本与科技投资之间的差距。最后，优化不同行业之间研发人力资本的配置，合理增加高技术行业的研发人员，缩小与世界技术前沿的差距。这不仅有利于发挥人力资本与科技创新对高质量发展的协同作用，而且可以缓解中国科技创新困境和"研发-生产率悖论"。

(4)更加注重中国"引进来"与"走出去"战略的协同互动。鉴于中国海外研发投资行为与技术引进行为对制造业绿色高质量发展存在协同效应，要更加注重中国"引进来"与"走出去"战略的协同互动。海外研发投资有利于加深对引进技术的消化与吸收，通过技术引进、消化与吸收可帮助克服企业海外研发投资的外来者劣势，从而有助于实现制造业绿色高质量发展。

(5)增强金融体系服务科技创新投资和人力资本积累的能力，促进金融发展与科技创新、人力资本的协同。以 2014 年为例，中国金融发展速度高出科技创新投资速度 5.89 个百分点，高出创新型人力资本积累速度 2.88 个百分点，说明金融体系脱离科技创新投资和人力资本积累的资金需求而自我膨胀，存在"脱实向虚"现象。因此，一方面，金融发展应当以服务实体经济和科技创新为主要目的，实现金融体系与科技创新、人力资本的协同发展，避免金融资源脱离科技创新投资和人力资本投资需求而在金融体系内部自我膨胀和循环发展。另一方面，由于市场型金融体系在为创新活动的融资方面具有优势，创新是提升全球价值链地位的关键，因此市场型金融体系对全球价值链地位提升具有更大作用。

(6)应当继续巩固和发展以制造业为核心的实体经济，抑制当前"过度去工业化"的趋势。一是，实体经济规模越大的地区，出口技术含量视角的高质量发展水平越高，特别是金融危机之后，以制造业为核心的实体经济重要性增强，这意味着现阶段发展制造业仍然是中国转向高质量发展阶段和实现全球价值链升级的重要出路，不应片面地、刻意地追求提升经济中服务业比重。二是，应该通过税收体制改革和房地产市场改革，从体制机制上缓解实体经济与虚拟经济的结构失衡。在当前中国经济呈现出"脱实向虚"倾向性的背景下，一方面应通过资本收益税改革、房产税改革、租售同权、共有产权等体制机制改革缓解实体经济部门与金融、房地产行业的利润差距，避免金融业和房地产业过度吸纳资源，以致损害制造业发展的要素基础；另一方面，有必要在全社会营造"崇尚实业，脚踏实地"的风气和氛围，贯彻"房子是用来住的，不是用来炒的"定位原则，遏制经济"脱实向虚"的趋势。

(7)在重视制造业等实体经济的基础上，应当推动制造业与科技创新、人力资本、现代金融体系同步协调发展。一方面，政府部门在制定促进经济高质量发展的相关政策时，应考虑制造业发展政策、科技创新政策、人才政策以及金融相关政策方面的协调与配合。另一方面，各地区应根据现实情况因地制宜，实行差异化的发展战略与政策。具体来说，位于中西部的内陆地区的实体经济与各个要素存在协同效应，但要素水平仍处于较低水平，因此内陆地区应注重大力提升实体经济以及科技创新、人力资本和金融体系等要素发展水平；沿海地区产业体系内的要素发展水平较高，但实体经济与这些要素之间的协同水平较差，因此沿海地区应注重加强实体经济与其他要素的协同发展，特别是推动制造业等实体经济与金融体系的协同发展。

（8）提升政策的靶向性，将补贴政策分配与政策激励效果协同匹配起来。一是政府补贴对不同企业研发投入的激励效果存在显著差异，企业性质、规模、融资约束及地区市场化程度是影响政府不同效果的重要因素，政府补贴可以有效刺激民营企业、中小型企业增加研发投入，各级政府在分配创新补贴时应当对上述类型的企业有所侧重；二是在市场发育不完善的地区，政府补贴对企业研发投入形成了有效激励机制和弥补机制，中央政府应当加大对低市场化水平地区企业的创新补贴力度；三是政府补贴可以有效缓解企业面临的融资约束，增加面临融资约束企业的研发投入，而对于不受融资约束限制的企业，政府补贴替代了理应投入研发的自由资金和外部资金，因而政府补贴应当倾向于给予面临融资约束的企业，改善政府补贴的创新激励效果。

8.3 研究展望

本书从生产效率、贸易增加值收益、出口技术结构等视角对制造业质量进行测度，从要素协同的系统论视角，提出和论证了推动中国制造业高质量发展的路径，较为系统地弥补了文献中存在的一些缺憾。在此基础上，仍然存在以下问题值得进一步深入研究。

一是构建更为科学、全面、合理的衡量高质量发展水平的综合指标。本书在前人研究的基础上，基于生产制造和出口贸易两个环节，首次提出了从生产效率、贸易增加值收益和出口技术含量三个视角衡量中国制造业发展质量的测度方法。总体来看，这一方法较为全面且合理，涵盖了生产效率、经济收益和技术结构等高质量发展内涵，然而本书中这三个指标是单独且分开测度的，并未形成一个统一的评价指标。因此，如何构建一个客观、统一、综合的评价指标，并且将高质量发展的全部内涵纳入考虑范围是后续研究高质量发展水平测度等相关问题的重要方向。

二是从更加全面的视角考察本书提出的多种路径的有效性。本书从生产效率、贸易增加值收益、出口技术含量三个层面对制造业发展质量进行了测度，但在论证各种路径有效性的时候，结合具体的研究问题如中国科技创新困境、"研发-生产率悖论"、金融发展作用的"两面性"等，仅仅分别选取了其中一个视角进行理论分析和实证检验，而缺乏对其他视角的讨论。因此，从高质量发展的其他层面出发，继续探讨本书提出的相关路径有效性，并进一步完善相关研究结论，也是今后继续研究时值得关注的方向。

参考文献

[1]白俊红，卞元超．要素市场扭曲与中国创新生产的效率损失[J]．中国工业经济，2016(11)：39-55．

[2]卞元超，白俊红，范天宇．产学研协同创新与企业技术进步的关系[J]．中国科技论坛，2015(6)：38-43．

[3]蔡昉．人口转变、人口红利与刘易斯转折点[J]．经济研究，2010(4)：4-13．

[4]钞小静，任保平．中国经济增长质量的时序变化与地区差异分析[J]．经济研究，2011，46(4)：26-40．

[5]陈刚．R&D溢出、制度和生产率增长[J]．数量经济技术经济研究，2010(10)：64-77．

[6]陈玲，杨文辉．政府研发补贴会促进企业创新吗？——来自中国上市公司的实证研究[J]．科学学研究，2016，34(3)：433-442．

[7]陈诗一，陈登科．雾霾污染、政府治理与经济高质量发展[J]．经济研究，2018(2)：20-34．

[8]陈晓华，黄先海，刘慧．中国出口技术结构演进的机理与实证研究[J]．管理世界，2011(3)：44-57．

[9]陈怡安．金融发展与海归回流的知识溢出效应关系实证[J]．科研管理，2016，37(6)：168-176．

[10]戴魁早．技术市场发展对出口技术复杂度的影响及其作用机制[J]．中国工业经济，2018(7)：117-135．

[11]戴翔，李洲．全球价值链下中国制造业国际竞争力再评估——基于Koopman分工地位指数的研究[J]．上海经济研究，2017(8)：89-100．

[12]戴翔，刘梦．人才何以成为红利——源于价值链攀升的证据[J]．中国工业经济，2018(4)：98-116．

[13]戴翔，郑岚．制度质量如何影响中国攀升全球价值链[J]．国际贸易问题，2015(12)：51-63．

[14]戴翔，金碚．产品内分工、制度质量与出口技术复杂度[J]．经济研究，2014，49(7)：4-17，43．

[15]丁小义，胡双丹．基于国内增值的中国出口复杂度测度分析——兼论"Rodrik悖论"[J]．国际贸易问题，2013(4)：40-50．

[16]樊纲,王小鲁,马光荣.中国市场化进程对经济增长的贡献[J].经济研究,2011(9):4-16.

[17]樊纲,王小鲁,朱恒鹏.中国市场化指数——各地区市场化相对进程2011年报告[M].北京:经济科学出版社,2011.

[18]范金,姜卫民,刘瑞翔.增加值率能否反映经济增长质量?[J].数量经济技术经济研究,2017,34(2):21-37.

[19]方军雄.所有制、市场化进程与资本配置效率[J].管理世界,2007(11):27-35.

[20]高运胜,郑乐凯,惠丽霞.融资约束与制造业GVC地位提升[J].统计研究,2018,35(8):11-22.

[21]龚强,张一林,林毅夫.产业结构、风险特性与最优金融结构[J].经济研究,2014(4):4-16.

[22]谷军健,赵玉林.金融发展如何影响全球价值链分工地位?——基于与科技创新协同的视角[J].国际金融研究,2020(7):35-44.

[23]谷军健,赵玉林.中国海外研发投资与制造业绿色高质量发展研究[J].数量经济技术经济研究,2020,37(1):41-61.

[24]谷军健,赵玉林.中国如何走出科技创新困境?——基于科技创新与人力资本协同发展的新视角[J].科学学研究,2021,39(1):129-138.

[25]谷军健.基于要素协同的中国制造业高质量发展效应研究[D].武汉:武汉理工大学,2019.

[26]顾国达,郭爱美.金融发展与出口复杂度提升——基于作用路径的实证[J].国际经贸探索,2013,29(11):101-112.

[27]顾磊,杨倩雯.金融发展如何影响中国的垂直分工地位[J].国际贸易问题,2014(3):144-155.

[28]郭莉,苏敬勤,徐大伟.基于哈肯模型的产业生态系统演化机制研究[J].中国软科学,2005(11):156-160.

[29]郭亦玮,郭晶,王磊.中国区域金融发展对出口复杂度影响的实证研究[J].中国软科学,2013(11):151-160.

[30]郭治安,等.协同学入门[M].成都:四川人民出版社,1988:23-31.

[31]哈肯．协同学导论[M]．西安：西北大学出版社，1981.

[32]贺晓宇，沈坤荣．现代化经济体系、全要素生产率与高质量发展[J]．上海经济研究，2018(6)：25-34.

[33]胡鞍钢，任皓．中国高技术产业如何赶超美国[J]．中国科学院院刊，2016，31(12)：1355-1365.

[34]黄灿，林桂军．全球价值链分工地位的影响因素研究：基于发展中国家的视角[J]．国际商务(对外经济贸易大学学报)，2017(2)：7-17.

[35]黄凯南，何青松，程臻．演化增长理论：基于技术、制度与偏好的共同演化[J]．东岳论丛，2014(2)：26-38.

[36]黄凌云，鲍怡．制度特征、FDI对我国制造业技术效率的影响——基于行业数据的分析[J]．经济学家，2009(11)：22-29.

[37]黄群慧，贺俊．中国制造业的核心能力、功能定位与发展战略——兼评《中国制造2025》[J]．中国工业经济，2015(6)：5-17.

[38]黄群慧．论新时期中国实体经济的发展[J]．中国工业经济，2017(9)：5-24.

[39]黄先海，陈晓华，刘慧．产业出口复杂度的测度及其动态演进机理分析——基于52个经济体1993—2006年金属制品出口的实证研究[J]．管理世界，2010(3)：44-55.

[40]黄阳华，夏良科．为什么R&D投资没能有效促进中国工业TFP快速提升?[J]．经济管理，2013(3)：12-25.

[41]黄永明，张文洁．出口复杂度的国外研究进展[J]．国际贸易问题，2012(3)：167-176.

[42]纪雯雯，赖德胜．人力资本结构与创新[J]．北京师范大学学报(社会科学版)，2016(5)：169-181.

[43]贾军，张卓．中国高技术企业业务协同发展实证分析[J]．中国科技论坛，2013，1(1)：71-77.

[44]江飞涛，武鹏，李晓萍．中国工业经济增长动力机制转换[J]．中国工业经济，2014(5)：5-17.

[45]姜雨，沈志渔．技术选择与人力资本的动态适配及其政策含义[J]．经济管

理，2012（7）：1-11.

［46］金碚. 关于"高质量发展"的经济学研究［J］. 中国工业经济，2018（4）：
    5-18.

［47］李宾. 国内研发阻碍了我国全要素生产率的提高吗？［J］. 科学学研究，
    2010，28（7）：1035-1042.

［48］李富强，董直庆，王林辉. 制度主导、要素贡献和我国经济增长动力的分类
    经验［J］. 经济研究，2008（4）：53-65.

［49］李金昌，史龙梅，徐蔼婷. 高质量发展评价指标体系探讨［J］. 统计研究，
    2019，36（1）：4-14.

［50］李静，楠玉，刘霞辉. 中国经济稳增长难题：人力资本错配及其解决途径
    ［J］. 经济研究，2017（3）：20-33.

［51］李静，楠玉，刘霞辉. 中国研发投入的"索洛悖论"——解释及人力资本匹
    配含义［J］. 经济学家，2017（1）：31-38.

［52］李梅，余天骄. 研发国际化是否促进了企业创新——基于中国信息技术企业
    的经验研究［J］. 管理世界，2016（11）：125-140.

［53］李平，许家云. 金融市场发展、海归与技术扩散：基于中国海归创办新企业
    视角的分析［J］. 南开管理评论，2011，14（2）：150-160.

［54］李小平，卢现祥，朱钟棣. 国际贸易、技术进步和中国工业行业的生产率增
    长［J］. 经济学（季刊），2008，7（2）：549-564.

［55］李小平，朱钟棣. 国际贸易、R&D 溢出和生产率增长［J］. 经济研究，2006
    （2）：31-43.

［56］李小平，卢现祥，朱钟棣. 国际贸易、技术进步和中国工业行业的生产率增
    长［J］. 经济学（季刊），2008（2）：549-564.

［57］林毅夫，孙希芳，姜烨. 经济发展中的最优金融结构理论初探［J］. 经济研
    究，2009（8）：45-49.

［58］刘洪愧，谢谦. 新兴经济体参与全球价值链的生产率效应［J］. 财经研究，
    2017，43（8）：18-31，121.

［59］刘晴，程玲，邵智，等. 融资约束、出口模式与外贸转型升级［J］. 经济研
    究，2017，52（5）：75-88.

［60］刘思明，张世瑾，朱惠东．国家创新驱动力测度及其经济高质量发展效应研究［J］．数量经济技术经济研究，2019（4）：3-23.

［61］刘威，杜雪利，李炳．金融发展对中国出口复杂度的影响渠道研究［J］．国际金融研究，2018，370（2）：87-96.

［62］刘伟，李绍荣．所有制变化与经济增长和要素效率提升［J］．经济研究，2001（1）：3-9.

［63］刘英基．高技术产业高端化与工艺及产品创新的协同关系研究［J］．中国科技论坛，2014（12）：28-33.

［64］刘英基．高技术产业技术创新、制度创新与产业高端化协同发展研究——基于复合系统协同度模型的实证分析［J］．科技进步与对策，2015（1）：66-72.

［65］刘志彪，张杰．全球代工体系下发展中国家俘获型网络的形成、突破与对策——基于 GVC 与 NVC 的比较视角［J］．中国工业经济，2007（5）：39-47.

［66］卢福财，罗瑞荣．全球价值链分工条件下产业高度与人力资源的关系——以中国第二产业为例［J］．中国工业经济，2010（8）：76-86.

［67］陆建明，李宏，朱学彬．金融市场发展与全球失衡：基于创新与生产的垂直分工视角［J］．当代财经，2011（1）：49-63.

［68］吕越，吕云龙．全球价值链嵌入会改善制造业企业的生产效率吗——基于双重稳健—倾向得分加权估计［J］．财贸经济，2016（3）：109-122.

［69］马茹，罗晖，王宏伟，等．中国区域经济高质量发展评价指标体系及测度研究［J］．中国软科学，2019（7）：60-67.

［70］马述忠，张洪胜，王笑笑．融资约束与全球价值链地位提升——来自中国加工贸易企业的理论与证据［J］．中国社会科学，2017（1）：83-107，206.

［71］毛其淋，方森辉．创新驱动与中国制造业企业出口技术复杂度［J］．世界经济与政治论坛，2018（2）：1-24.

［72］毛其淋，许家云．外资进入如何影响了本土企业出口国内附加值？［J］．经济学（季刊），2018，17（4）：1453-1488.

［73］毛其淋．人力资本推动中国加工贸易升级了吗？［J］．经济研究，2019，54（1）：52-67.

［74］毛蕴诗，袁静，周燕．中国企业海外 R&D 活动研究——以广东企业为例

[J]. 中山大学学报(社会科学版)，2005，45(2)：6-12，126.

[75]彭树涛，李鹏飞. 中国制造业发展质量评价及提升路径[J]. 中国特色社会主义研究，2018(5)：34-40，54.

[76]彭伟辉. 异质性创新人力资本对企业价值链的影响——基于我国制造业上市公司的实证检验[J]. 财经科学，2019(4)：120-132

[77]彭俞超，黄志刚. 经济"脱实向虚"的成因与治理：理解十九大金融体制改革[J]. 世界经济，2018，41(9)：3-25.

[78]彭俞超. 金融功能观视角下的金融结构与经济增长——来自 1989—2011 年的国际经验[J]. 金融研究，2015(1)：32-49.

[79]齐俊妍，王永进，施炳展，等. 金融发展与出口技术复杂度[J]. 世界经济，2011，34(7)：91-118.

[80]邱国栋，马巧慧. 企业制度创新与技术创新的内生耦合——以韩国现代与中国吉利为样本的跨案例研究[J]. 中国软科学，2013(12)：94-113.

[81]邵昱琛，熊琴，马野青. 地区金融发展、融资约束与企业出口的国内附加值率[J]. 国际贸易问题，2017(9)：156-166.

[82]盛斌，景光正. 金融结构、契约环境与全球价值链地位[J]. 世界经济，2019，42(4)：29-52.

[83]石军伟，姜倩倩. 人力资本积累与自主创新：来自中国汽车制造企业的经验证据[J]. 暨南学报(哲学社会科学版)，2018，40(5)：28-44.

[84]眭纪刚，陈芳. 新兴产业技术与制度的协同演化[J]. 科学学研究，2016(2)：186-193.

[85]孙继国，吴倩. 金融发展与实体经济增长良性互动机制研究[J]. 理论学刊，2019(2)：71-79.

[86]孙灵燕，李荣林. 融资约束限制中国企业出口参与吗？[J]. 经济学(季刊)，2012，11(1)：231-252.

[87]孙晓华，秦川. 产业演进中技术与制度的协同演化——以中国水电行业为例[J]. 中国地质大学学报(社会科学版)，2011(9)：78-85.

[88]孙早，许薛璐. 前沿技术差距与科学研究的创新效应——基础研究与应用研究谁扮演了更重要的角色[J]. 中国工业经济，2017(3)：5-23.

[89]唐未兵,傅元海,王展祥.技术创新、技术引进与经济增长方式转变[J].经济研究,2014(7):31-43.

[90]涂正革,肖耿.中国工业生产力革命的制度及市场基础——中国大中型工业企业间技术效率差距因素的随机前沿生产模型分析[J].经济评论,2005(4):50-62.

[91]涂正革,肖耿.中国工业增长模式的转变——大中型企业劳动生产率的非参数生产前沿动态分析[J].管理世界,2006(10):57-67,81.

[92]王红建,李茫茫,汤泰劼.实体企业跨行业套利的驱动因素及其对创新的影响[J].中国工业经济,2016(11):73-89.

[93]王开国,宗兆昌.论人力资本性质与特征的理论渊源及其发展[J].中国社会科学,1999(6):33-46.

[94]王岚.融入全球价值链对中国制造业国际分工地位的影响[J].统计研究,2014,31(5):17-23.

[95]王永进,盛丹,施炳展,等.基础设施如何提升了出口技术复杂度?[J].经济研究,2010,45(7):103-115.

[96]王昀,孙晓华.政府补贴驱动工业转型升级的作用机理[J].中国工业经济,2017(10):99-117.

[97]王展硕,谢伟.研发国际化对企业创新绩效的作用过程及结果分析[J].外国经济与管理,2018,40(9):55-70.

[98]魏后凯,王颂吉.中国"过度去工业化"现象剖析与理论反思[J].中国工业经济,2019(1):5-22.

[99]魏敏,李书昊.新时代中国经济高质量发展水平的测度研究[J].数量经济技术经济研究,2018(11):3-20.

[100]吴彤.自组织方法论研究[M].北京:清华大学出版社,2001:46-61.

[101]肖文,林高榜.海外研发资本对中国技术进步的知识溢出[J].世界经济,2011(1):37-51.

[102]肖文,林高榜.海外研发资本对中国技术进步的知识溢出[J].世界经济,2011(1):37-51.

[103]肖兴志,王伊攀.政府补贴与企业社会资本投资决策——来自战略性新兴

产业的经验证据[J]. 中国工业经济, 2014(9): 148-160.

[104]薛倩雯. 甘肃省高质量发展的战略选择与路径研究[J]. 社科纵横, 2019, 34(2): 35-39.

[105]杨高举, 黄先海. 内部动力与后发国分工地位升级——来自中国高技术产业的证据[J]. 中国社会科学, 2013(2): 25-45, 204.

[106]姚洋, 张晔. 中国出口品国内技术含量升级的动态研究——来自全国及江苏省、广东省的证据[J]. 中国社会科学, 2008(2): 67-82, 205-206.

[107]叶祥松, 刘敬. 异质性研发、政府支持与中国科技创新困境[J]. 经济研究, 2018, 53(9): 118-134.

[108]余珮. 美国再工业化背景下中美制造业嵌入全球价值链的比较研究[J]. 经济学家, 2017(11): 88-96.

[109]张艾莉, 尹梦兰. 技术创新、人口结构与中国制造业出口复杂度[J]. 软科学, 2019, 33(5): 29-34.

[110]张成思, 张步昙. 中国实业投资率下降之谜: 经济金融化视角[J]. 经济研究, 2016(12): 34-48.

[111]张海洋. R&D两面性、外资活动与中国工业生产率增长[J]. 经济研究, 2005(5): 107-117.

[112]张杰, 陈志远, 杨连星, 等. 中国创新补贴政策的绩效评估: 理论与证据[J]. 经济研究, 2015(10): 4-17.

[113]张杰, 高德步. 金融发展与创新: 来自中国的证据与解释[J]. 产业经济研究, 2017(3): 47-61.

[114]张杰, 郑文平, 翟福昕. 竞争如何影响创新: 中国情景的新检验[J]. 中国工业经济, 2014(11): 56-68.

[115]张杰. 金融抑制、融资约束与出口产品质量[J]. 金融研究, 2015(6): 64-79.

[116]张军, 王祺. 权威、企业绩效与国有企业改革[J]. 中国社会科学, 2004(5): 101-101.

[117]张三保, 张志学. 区域制度差异, CEO管理自主权与企业风险承担——中国30省高技术产业的证据[J]. 管理世界, 2012(4): 101-114.

［118］张同斌，范庆泉，李金凯．研发驱动高技术产业全要素生产率提升的有效
性研究——基于断点检验与门限回归的结构变动分析［J］．经济学报，2015
（3）：65-83.

［119］张伟，周耀东．人力资本与企业技术创新：一个文献综述［J］．产业经济评
论（山东大学），2016（3）：112-126.

［120］张延．干中学模型对我国经济增长路径的检验［J］．财政研究，2009（6）：
33-38.

［121］张玉，胡昭玲．制度质量、研发创新与价值链分工地位——基于中国制造
业面板数据的经验研究［J］．经济问题探索，2016（6）：21-27.

［122］赵玉林，谷军健．研发投入高增长没有提升全要素生产率吗——来自中国
制造业分行业的经验证据［J］．财会月刊，2017（36）：104-109.

［123］赵玉林，王春珠．战略性新兴产业发展中创新与需求协同驱动异质性分析
［J］．中国科技论坛，2017（5）：41-48.

［124］赵玉林，魏芳．基于哈肯模型的高技术产业化过程机制研究［J］．科技进步
与对策，2007（4）：82-86.

［125］赵玉林，高裕．技术创新对高技术产业全球价值链升级的驱动作用——来
自湖北省高技术产业的证据［J］．科技进步与对策，2019，36（3）：52-60.

［126］赵玉林，谷军健．中美制造业发展质量的测度与比较研究［J］．数量经济技
术经济研究，2018，35（12）：116-133.

［127］赵玉林，谷军健．技术与制度协同创新机制及对产业升级的协同效应［J］．
中国科技论坛，2018（3）：1-9.

［128］赵玉林，谷军健．政府补贴分配倾向与创新激励的结构性偏差——基于中
国制造业上市公司匹配样本分析［J］．财政研究，2018（4）：61-74.

［129］赵玉林，谷军健．制造业创新增长的源泉是技术还是制度？［J］．科学学研
究，2018，36（5）：800-812，912.

［130］赵玉林，谷军健．中美制造业发展质量的测度与比较研究［J］．数量经济技
术经济研究，2018，35（12）：116-133.

［131］周茂，李雨浓，姚星，等．人力资本扩张与中国城市制造业出口升级：来
自高校扩招的证据［J］．管理世界，2019，35（5）：64-77，198-199.

[132]朱平芳，徐伟民．政府的科技激励政策对大中型工业企业 R&D 投入及其专利产出的影响——上海市的实证研究［J］．经济研究，2003（6）：45-53，94.

[133]诸竹君，黄先海，余骁．进口中间品质量、自主创新与企业出口国内增加值率［J］．中国工业经济，2018（8）：116-134.

[134]祝树金，张鹏辉．中国制造业出口国内技术含量及其影响因素［J］．统计研究，2013，30（6）：58-66.

[135]Acemoglu D, Gallego F A, Robinson J A. Institutions, Human Capital, and Development［J］. Annu. Rev. Econ., 2014, 6(1): 875-912.

[136]Acemoglu D, Johnson S, Robinson J A. The Colonial Origins of Comparative Development：An Empirical Investigation［J］. American Economic Review, 2001, 91(5): 1369-l40l.

[137]Acemoglu D, Zilibotti F. Productivity Differences［J］. The Quarterly Journal of Economics, 2001, 116(2): 563-606.

[138]Aghion P, Howitt P, Mayer-Foulkes D. The Effect of Financial Development on Convergence：Theory and Evidence［J］. The Quarterly Journal of Economics, 2005, 120(1): 173-222.

[139]Allen F, Carletti E. Credit Risk Transfer and Contagion［J］. Journal of Monetary Economics, 2006, 53(1): 89-111.

[140]Allen F, Gale D. Diversity of opinion and financing of new technologies［J］. Journal of financial intermediation, 1999, 8(1-2): 68-89.

[141]Ang J B. Financial development, liberalization and technological deepening［J］. European Economic Review, 2011, 55(5): 688-701.

[142]Arrow K J. The Economic Implications of Learning by Doing［J］. The Review of Economic Studies, 1962, 29(3): 155-173.

[143]Arrow K. Economic welfare and the allocation of resources for invention［M］. The rate and direction of inventive activity：Economic and social factors. Princeton University Press, 1962：609-626.

[144]Asakawa K. Organizational tension in international R&D management：the case

of Japanese firms[J]. Research Policy, 2001, 30(5): 735-757.

[145]Becker G S. Investment in human capital: A theoretical analysis[J]. Journal of political economy, 1962, 70(5, Part 2): 9-49.

[146]Benhabib J, Spiegel M M. The role of human capital in economic development evidence from aggregate cross-country data[J]. Journal of Monetary economics, 1994, 34(2): 143-173.

[147]Bils M, Klenow P J. Does schooling cause growth? [J]. American economic review, 2000, 90(5): 1160-1183.

[148]Bitzer J, Kerekes M. Does foreign direct investment transfer technology across borders? New evidence[J]. Economics Letters, 2008, 100(3): 355-358.

[149]Boeing P. The allocation and effectiveness of China's R & D subsidies-Evidence from listed firms[J]. Research Policy, 2016, 45(9): 1774-1789.

[150]Borio C E V, Lowe P W. Asset prices, financial and monetary stability: exploring the nexus[J]. 2002, BIS Working papers No. 114.

[151]Caves D W, Christensen L R, Diewert W E. The economic theory of index numbers and the measurement of input, output, and productivity[J]. Econometrica: Journal of the Econometric Society, 1982: 1393-1414.

[152]Che Y, Zhang L. Human Capital, Technology Adoption and Firm Performance: Impacts of China's Higher Education Expansion in the Late 1990s[J]. The Economic Journal, 2018, 128(614): 2282-2320.

[153] Cohen W M, Levinthal D A. Absorptive capacity: A new perspective on learning and innovation [J]. Administrative Science Quarterly, 1990, 35: 128-152.

[154]Cohen W M, Levinthal D A. Innovation and learning: the two faces of R & D [J]. The economic journal, 1989, 99(397): 569-596.

[155]Delgado-Verde M, Martín-de Castro G, Amores-Salvadó J. Intellectual capital and radical innovation: Exploring the quadratic effects in technology-based manufacturing firms[J]. Technovation, 2016, 54: 35-47.

[156]Demirguc-Kunt A, Feyen E, Levine R. Optimal Financial Structures and Devel-

opment: The evolving importance of banks and markets[J]. World Bank, mimeo, 2011.

[157]Di Minin A, Zhang J, Gammeltoft P. Chinese foreign direct investment in R&D in Europe: A new model of R&D internationalization? [J]. European Management Journal, 2012, 30(3): 189-203.

[158]Driffield N, Love J H, Taylor K. Productivity and labour demand effects of inward and outward foreign direct investment on UK industry[J]. The Manchester School, 2009, 77(2): 171-203.

[159]Driscoll J C, Kraay A C. Consistent covariance matrix estimation with spatially dependent panel data[J]. Review of economics and statistics, 1998, 80(4): 549-560.

[160] Ductor L, Grechyna D. Financial development, real sector, and economic growth [J]. International Review of Economics & Finance, 2015, 37: 393-405.

[161]Feenstra R C, Inklaar R, Timmer M P. The next generation of the Penn World Table[J]. American economic review, 2015, 105(10): 3150-82.

[162]Foray D. Why is it so difficult to translate innovation economics into useful and applicable policy prescriptions? [M]. The Rate and Direction of Inventive Activity Revisited. University of Chicago Press, 2011: 673-678.

[163]Gai P, Kapadia S, Millard S, et al. Financial innovation, macroeconomic stability and systemic crises [J]. The Economic Journal, 2008, 118 (527): 401-426.

[164]Galor O, Zeira J. Income distribution and macroeconomics[J]. The review of economic studies, 1993, 60(1): 35-52.

[165]Gereffi, Gary. International Trade and Industrial Upgrading in the Apparel Commodity Chain[J]. Journal of International Economics, 1999(1): 34-43.

[166]Glaeser E L, La Porta R, Lopez-de-Silanes F, et al. Do institutions cause growth? [J]. Journal of economic Growth, 2004, 9(3): 271-303.

[167] Goldsmith, Raymond W. Financial Structure and Development [M]. New

Haven, Conn: Yale University Press, 1969.

[168] Hall B H, Lerner J. The financing of R&D and innovation[M]//Handbook of the Economics of Innovation. North-Holland, 2010, 1: 609-639.

[169] Hall B H, Mairesse J. Exploring the relationship between R&D and productivity in French manufacturing firms[J]. Journal of econometrics, 1995, 65(1): 263-293.

[170] Hansen B E. Threshold effects in non-dynamic panels: Estimation, testing, and inference[J]. Journal of econometrics, 1999, 93(2): 345-368.

[171] Hausmann R, Hwang J, Rodrik D. What you export matters[J]. Journal of Economic Growth, 2007, 12(1): 1-25.

[172] Hsu P H, Tian X, Xu Y. Financial development and innovation: Cross-country evidence[J]. Journal of Financial Economics, 2014, 112(1): 116-135.

[173] Hubbard R G. Putting Economic Ideas Back into Innovation Policy[M]. The Rate and Direction of Inventive Activity Revisited. University of Chicago Press, 2011: 669-672.

[174] Igna I A, Venturini F. The impact of educational mismatch on returns to R&D: evidence from manufacturing in OECD countries[J]. Economics of Innovation and New Technology, 2018: 1-30.

[175] Iwasa T, Odagiri H. Overseas R&D, knowledge sourcing, and patenting: an empirical study of Japanese R&D investment in the US[J]. Research Policy, 2004, 33(5): 807-828.

[176] Kafouros M I, Buckley P J, Sharp J A, et al. The role of internationalization in explaining innovation performance[J]. Technovation, 2008, 28(1-2): 63-74.

[177] Kaplinsky R. Globalisation and unequalisation: what can be learned from value chain analysis? [J]. Journal of development studies, 2000, 37(2): 117-146.

[178] Koopman R, Powers W, Wang Z, and Wei Shangjin. Give Credit Where Credit is due: Tracing Value Added in Global Production Chains [J]. NBER Working Paper No. 16426, 2010.

[179] La Porta R, Lopez-de-Silanes F, Shleifer A, et al. Law and finance [J]. Jour-

nal of political economy, 1998, 106(6): 1113-1155.

[180] La Porta R, Lopez-de-Silanes F, Shleifer A. The economic consequences of legal origins [J]. Journal of economic literature, 2008, 46(2): 285-332.

[181] Lemoine F, Ünal - Kesenci D. Rise of China and India in international trade: From textiles to new technology[J]. China & World Economy, 2008, 16(5): 16-34.

[182] Manova K, Yu Z. How firms export: Processing vs. ordinary trade with financial frictions [J]. Journal of International Economics, 2016, 100: 120-137.

[183] Marano V, Kostova T. Unpacking the institutional complexity in adoption of CSR practices in multinational enterprises[J]. Journal of Management Studies, 2016, 53(1): 28-54.

[184] Meierrieks D. Financial development and innovation: Is there evidence of a Schumpeterian finance-innovation nexus? [J]. Annals of Economics & Finance, 2014, 15(2): 343-363.

[185] Murmann J P. Knowledge and competitive advantage: The coevolution of firms, technology, and national institutions[M]. Cambridge University Press, 2003.

[186] Murphy K M, Shleifer A, Vishny R W. The allocation of talent: Implications for growth[J]. The quarterly journal of economics, 1991, 106(2): 503-530.

[187] Nanda R, Rhodes-Kropf M. Financing risk and innovation[J]. Management Science, 2016, 63(4): 901-918.

[188] Nelson R R, Phelps E S. Investment in humans, technological diffusion, and economic growth [J]. The American economic review, 1966, 56 (1/2): 69-75.

[189] Nelson R R. Bringing institutions into evolutionary growth theory[J]. Journal of Evolutionary Economics, 2002, 12(1): 17-28.

[190] Orhangazi Ö. Financialisation and capital accumulation in the non-financial corporate sector: A theoretical and empirical investigation on the US economy: 1973-2003[J]. Cambridge Journal of Economics, 2008, 32(6): 863-886.

[191] Pelikan P. Bringing institutions into evolutionary economics: another view with links to changes in physical and social technologies[J]. Journal of Evolutionary Economics, 2003, 13(3): 237-258.

[192] Penner-Hahn J, Shaver J M. Does international research and development increase patent output? An analysis of Japanese pharmaceutical firms[J]. Strategic Management Journal, 2005, 26(2): 121-140.

[193] Popov A. Credit constraints and investment in human capital: Training evidence from transition economies[J]. Journal of Financial Intermediation, 2014, 23(1): 76-100.

[194] Porter, M. E. Competitive Advantage: Creating and Sustaining Superior Performance [M]. New York: Free Press, 1985: 15-17.

[195] Rajan R G, Zingales L. Financial dependence and growth[J]. The American Economic Review, 1998, 88(3): 559-586.

[196] Rodrik D. What's so special about China's exports? [J]. China & World Economy, 2006, 14(5): 1-19.

[197] Schott P K. The relative sophistication of Chinese exports[J]. Economic policy, 2008, 23(53): 6-49.

[198] Schultz T W. Investment in human capital[J]. The American economic review, 1961, 51(1): 1-17.

[199] Segerstrom P S. Endogenous growth without scale effects [J]. American Economic Review, 1998: 1290-1310.

[200] Shaw, E. S. Financial Deepening in Economic Development[M]. Oxford: Oxford University Press, 1973.

[201] Singh J. Distributed R&D, cross-regional knowledge integration and quality of innovative output[J]. Research Policy, 2008, 37(1): 77-96.

[202] Soete L, Verspagen B, Ter Weel B. Systems of innovation[M]. Handbook of the Economics of Innovation. North-Holland, 2010, 2: 1159-1180.

[203] Teixeira A A C, Queirós A S S. Economic growth, human capital and structural change: A dynamic panel data analysis[J]. Research policy, 2016, 45(8):

1636-1648.

[204] Van Assche A, Gangnes B. Electronics production upgrading: Is China exceptional? [J]. Applied Economics Letters, 2010, 17(5): 477-482.

[205] Von Zedtwitz M, Gassmann O. Market versus technology drive in R&D internationalization: four different patterns of managing research and development[J]. Research policy, 2002, 31(4): 569-588.

[206] Wang Z, Wei S J. What accounts for the rising sophistication of China's exports? [M]. China's growing role in world trade. University of Chicago Press, 2010: 63-104.

[207] Xu B, Lu J. Foreign direct investment, processing trade, and the sophistication of China's exports[J]. China Economic Review, 2009, 20(3): 425-439.

[208] Xu B. The sophistication of exports: Is China special? [J]. China Economic Review, 2010, 21(3): 482-493.